보드리야르 연구

보드리야르 연구

김상범

대중문화, 미디어, 현대 사회를 이해하기 위해
반드시 알아야 하는 장 보드리야르, 그리고 시뮬라시옹

생각나눔

```
; while (start = s. #endregion public; new Sanfoundry.Csharp.Codes.TestC.
g[] args Condition cond; val; evn; Console.WriteLine( Console.Read(); Met
                    public int Value {
Method static void Reset(object} cond(this)) evn(); { object ob="CSHARP
yped is not valid") { else if (a < b); }return (((Counter)ctr) Value > 1
stClass static void Reset(object} } if (cond != null
c event Action evn; && evn != null &&) .Value > 250);}return (((Counter)
); = -1)                    public int Value { (delegate bool Cond
s=new sample(); is )static (isValid); using System; sample s= new sample
MethodA counter.evn += new Action #endregion public; new Sanfoundry.Csha
```

I. 소비의 신화, 소비의 주술

II. 마르크스주의를
  넘어서는 보드리야르

```
while (start = s. #endregion public; new Sanfoundry.Csharp.Codes.TestCl
[] args Condition cond; val; evn; Console.WriteLine( Console.Read(); Meth
            public int Value {
MethodC static void Reset(object} cond(this)) evn(); { object ob="CSHARP"
vped is not valid") { else if (a < b); }return (((Counter)ctr).Value > 10
stClass static void Reset(object} } if (cond != null
: event Action evn; && evn != null &&) .Value > 250);}return (((Counter)c
; = -1)                         public int Value ( (delegate bool Condi
s=new sample(); is )static (isValid); using System; sample s= new sample
MethodA counter.evn += new Action #endregion public; new Sanfoundry.Cshar
```

Ⅲ. 시뮬라시옹과
기술문명

처음 보드리야르를 읽었을 때, 그의 감각적 문체에 놀라고, 그 충격적인 내용에 또 놀라고, 그 논리에 반박할 수 없음에 다시 한 번 놀랐던 기억이 있다. 당시 어린 나이였던 나는 보드리야르와 같은 사상가가 되고 싶었다. 지금 생각하면 치기 어린 욕망이었다.

오랜 세월 동안 보드리야르의 문장을 필사했고, 그의 대표작 『시뮬라시옹』은 책이 너덜너덜해질 때까지 읽었다. 그리고 마침내 내용을 이해했을 때는 깊은 희열을 느꼈다.

돌이켜보면 그렇게 보드리야르에 몰두했던 것이 잘했던 일이라고 생각한다. 왜냐하면, 보드리야르는 현대 사회에서 거의 모든 것에 대해 치밀하게 분석했고 그의 논의를 거치지 않고 현대 사회를 이해하는 것은 불가능하기 때문이다.

나는 그간 보드리야르에 관해 썼던 논문들을 모아 독자에게 제시한다. 나의 글을 통해 보드리야르라는 정상에 오르는 데 조금이라도 더 편해졌으면 좋겠다. 그래서 보드리야르의 사상이라는 현대 사회를 분석하는 데에 필수적인 도구를 자기 것으로 전유했으면 좋겠다.

I. 소비의 신화,
소비의 주술

0. 서론

보드리야르의 『소비의 사회』는 '소비'를 통해서 현대 사회를 총체적으로 분석하려는 시도이다. 소비는 단순히 물질적인 욕구를 만족시키는 행위가 아니며, 사회적 '차이'를 생산함과 동시에 이러한 차이를 기호체계의 코드 안에 가둠으로써 사회를 통합하고 통제하는 메커니즘의 하나이다. 말하자면 소비는 사회가 자연과 결별하는 방식인 것이다.

보드리야르의 이 책은 단순히 상품과 광고만을 다루고 있지 않으며, 미디어와 육체, 그리고 여가가 어떻게 '소비'와 얽혀있는지를 다루고 있다. 보드리야르는 맥루한의 미디어 분석에 따라 미디어가 전달하는 메시지의 내용보다 미디어의 기술적 본질에 대해 중점을 다루어 미디어를 분석하고 있다. 보드리야르는 TV가 세계를 '읽을 수 있는 것'으로 바꾸며 또한 실재를 지시하는 것이 아닌 '이미지로서의 이미지'를 제시함으로써 실재를 네오-리얼리티로 대체하는 것이 바로 TV의 가장 심오한 메시지라고 말한다.

또한, 대중매체에서 외쳐지는 '육체의 해방'은 사실 자기의 육체를 자신이 가꾸고 관리하며 다른 사람과의 지위 경쟁에서 우위를 차지하기 위한 자신의 소유물이자 자본으로 만듦으로써 사람들을 사회적 차이화 코드에 복종시키는 메커니즘이다.

또한, 소비사회에서 '여가' 또한 '자유로운 시간'이 아니라 사회적 지위를 표시하기 위한 '차이 표시 기호'를 생산해내는 '사회적 노동'의 시간이 되어버렸다고 보드리야르는 말한다. 이와 같이 소비사회에서 우리는 해방되기보다는 오히려 사회적 강제와 노역에서 자유롭지 못하다.

1. 소비란 무엇인가?

소비는 새로운 종류의 화물 숭배이다. 왜냐하면, 소비라고 하는 것은 멜라네시아 원주민의 화물 숭배에서 모형 비행기를 만들어 놓고 진짜 비행기가 그곳에 착륙하기를 기다리는 것과 같이, '행복의 모조품과 그 특징적인 기호의 장치'[1]를 놓고 진정한 행복이 그곳에 착륙하기를 기다리는 것이기 때문이다. 보드리야르는 이와 같은 사고방식이 '주술적 사고'라고 말한다. 그리고 오늘날의 일상생활에서 소비의 은혜는 기적으로 체험된다. 서구 사회의 인간들은 대중매체와 광고의 홍수 속에서 '꿈나라의 환상에 둘러싸이고 반복된 광고에 설득되어'[2] 자신에게 풍부함의 '기적'에 대한 정당한 권리가 있다고 믿게 된다. 즉, 풍부함은 사회적 노력에 의해 만들어진 것이 아니라 기술진보와 경제 성장에 의해 '분배된 것'으로 나타난다.

소비의 질서는 기본적으로 기호조작의 질서이다. 소비와 주술 모두 '기호에 의해서, 기호의 보호를 받으며 존재'하며, 소비는 의미작용과 기호체계의 분석으로 분석된다. 소비 속에서 상품은 그 의미가 그것의 고유한 사용가치가 아니라 다른 상품과의 '차이'에 의해 규정되는 하나의 '기호'이다.

---

1) 장 보드리야르, 이상률 옮김,『소비의 사회』, 서울:문예출판사, 2014, 25쪽
2) 『소비의 사회』, 28쪽

"사람들은 결코 사물 자체를(그 사용가치에서) 소비하지 않는다—이상적인 준거로서 받아들여진 자기집단에 대한 소속을 나타내기 위해서든, 아니면 보다 높은 지위의 집단을 준거로 삼아 자신의 집단과 구분하기 위해서든 간에 사람들은 자신을 타인과 구별짓는 기호로서 사물을 항상 조작한다."[3]

마치 소쉬르에 있어서 기호의 '가치'가 다른 기호와의 '차이'에 의해서 규정되듯이. 이런 의미에서 보드리야르의 이 책은 구조주의의 영향력하에 쓰였다는 것을 알 수 있다. 구조주의에 따르면 기호는 체계를 이루며 이러한 기호체계는 코드를 갖는다. 마찬가지로 '차이화 과정'으로써의 소비는 소비자의 자유의지에 의한 것이 아니라 '본질적으로 개인을 초월해 있는'[4] 코드에 의한 것이며, 소비자는 코드에 복종하면서도 자신이 자유롭게 선택한다고 착각한다. 이런 의미에서 소비는 '코드에 기초한 의미작용 및 커뮤니케이션의 과정'[5]이다. 이러한 '차이'는 사회적 지위와 서열의 '차이'를 생산해내므로 소비는 동시에 '분류 및 사회적 차이화의 과

---

3) 『소비의 사회』, 81쪽
4) 『소비의 사회』, 81쪽
5) 『소비의 사회』, 80쪽

정'[6]이라고 볼 수 있다.

소비사회에서는 끊임없이 다른 사람보다 자신이 우월하다는 것을 눈에 보이는 것을 통해 '증명'해야 한다. 어떤 것도 이러한 '소비'를 통한 지위 경쟁을 멈추거나 막을 수 없기에 보드리야르는 한계가 없다는 것이 소비의 기본적 성격이라고 말한다. "사회적 존재(…)로서 인간의 욕구에는 한계가 없다. 음식물의 섭취량에는 한계가 있으며, 소화기관의 활동에도 한계가 있지만, 음식물에 관한 문화체계는 무한하다."[7] 이와 같이 사회적 차이화의 논리를 이론에 도입해야만 소비가 자신의 한계를 넘어서 가속도적으로 증가하는 현상을 설명할 수 있다.

많은 미국과 유럽의 사회학자들이 소비의 영역을 '균질한 영역'으로 간주하며 '소비자 대중'이라는 표준적인 소비자를 가정하지만, 보드리야르는 이러한 주장을 부정한다. 소비의 영역에서 욕구는 상류 계층에서 먼저 존재했다가 다른 사회계층으로 이행하는 '욕구의 순서'를 가진 차이화의 영역이다.

---

6) 『소비의 사회』, 80쪽

7) 『소비의 사회』, 87쪽

"욕구와 그 충족은 기호에 의한 거리와 차이화의 유지라는 절
대적 원칙, 일종의 사회적 지상명령에 의해 아래쪽으로 흘러
들어간다. 바로 이 법칙이 사회적 차별을 만드는 용구로서의
사물의 모든 혁신을 좌우한다."[8]

이러한 혁신은 기존의 차이를 표시하는 기호가 더는 차이를
표시하지 못하는 것에 대한 반응으로써 차이를 재생산해내기 위
한 몸부림이다. 이러한 차이의 논리는 다른 변수에 종속된 변수
가 아니라 다른 모든 변수를 결정하는 구조적 변수이다. 오히려
성장을 지배하는 것이 바로 이러한 차이의 논리이다. '성장 자체
가 불평등에 의존'[9]하며, 경제성장에 의미를 주는 것이 바로 이
러한 구별과 차이이기 때문이다.

---

8) 『소비의 사회』, 84쪽
9) 『소비의 사회』, 67쪽

*"'불평등한' 사회질서, 즉 특권계급을 만들어내는 사회구조가
자신을 유지해야 할 필요성이 전략적인 요소로서 성장을 생
산하고 재생산하는 것이다."*[10]

소비는 자연이 아니라 사회가 자연과 결별하는 방식이다. 레비스
트로스에게 있어서 혼인의 규칙과 친족체계가 자연적인 것이 아니
라 언어활동으로, 커뮤니케이션의 양식으로 간주될 수 있듯이 소
비 또한 하나의 기호체계로써, 커뮤니케이션의 양식으로 간주될
수 있다. 말하자면 소비의 기호체계가 구조주의에 있어서의 하나
의 '랑그'라면 개인의 욕구 및 향유는 파롤(parole)에 불과하다.

소비사회는 소비를 인위적으로 훈련하는 사회라는 점에서도
자연적인 세계와도 구별된다. 이러한 훈련은 오늘날 신용판매제
도에 의해 수행된다. 겉으로 보이는 '쾌락주의적 정신의 깃발 아
래에서'[11] 사람들은 실제로는 경제적 계산을 체계적으로 수행하
여 수요를 계획화할 것을 강요받는다. 신용판매제도는 '수요조정
의 훈련과정'[12]이고 이러한 훈련을 받지 않으면 신용불량자가 되

---

10) 『소비의 사회』, 67~68쪽
11) 『소비의 사회』, 117쪽
12) 『소비의 사회』, 117쪽

기 쉽다. 이러한 훈련은 초기 자본주의의 엄격한 노동윤리에 버금가는 것으로써, 이제는 생산의 영역이 아닌 소비의 영역에서 이러한 엄격한 윤리가 적용된다. 19세기에는 대중을 노동력으로서 사회화했다면, 이제는 소비력으로 대중을 사회화함으로써 통제하지 않으면 안 된다. 소비는 인간의 해방이 아니라 교묘한 통제의 일환인 것이다.

> *"생산과 소비는 생산력과 그 통제의 확대재생산이라는 단 하나의 똑같은 거대한 과정이다."*[13]

이런 의미에서 소비는 인간의 욕망 고삐 풀림이 아니라 사회적 강제이다. 이런 의미에서 보드리야르는 오늘날의 소비가 '사회적 노동'이라고 재치있게 말한다. 그리고 오늘날 소비자들의 강력한 '이기주의'는 바로 이러한 '사회적 노동'으로써의 소비에 의한 피착취에 관한 무의식적 피해의식의 표출이라고 보드리야르는 말한다. 그리고 소비에 있어서의 피착취는 계급의식을 불러일으키지 않는다. 오히려 소비자들은 "개인주의적 성향을 지니며, 몰연대

---

13) 『소비의 사회』, 118쪽

적이고 몰역사적인 경향을 지닌다."**14** 말하자면 사람들의 집단적 소비 기호체계에 종속될수록 사회적 차이화가 진행되어 사람들은 집단적으로 연대하지 않게 된다.

또한, 소비사회는 끊임없이 '개성'을 찾으라고 말하지만, 이것은 역으로 오늘날 개성이 사라졌음을 보여주는 징후라고 보드리야르는 말한다. 존재하지 않는 개성을 차이를 표시하는 기호를 통해 부활시키려 하지만 이러한 기호는 집단적인 기호체계에 종속되어 있으므로 그가 개성을 가지고 있지 않음을 보여줄 뿐이다. 이런 의미에서 '차이의 체계'가 수립된다는 것은 체계 자체가 동일자가 됨으로써 실질적인 '차이'를 삭제하는 것이다. 보드리야르는 다음과 같이 쓰고 있다.

"'개성화하는' 차이는 이제 개인들을 서로 대립시키는 것이 아니라 어느 무한한 척도 위에서 서열화되며 또 모델들 속으로 수렴한다. 차이는 이 모델들에 입각해서 교묘하게 생산되고 재생산되는 것이다. 그러므로 자기를 타자와 구별하는 것은 바로 어느 한 모델과 일체가 되는 것, 어느 한 추상적 모델 및

---

14) 『소비의 사회』, 124쪽

어느 한 양식의 결합형태에 근거해서 자기를 특징짓는 것이며 따라서 바로 그러한 방법으로 실제적인 모든 차이와 특이성을 포기하는 것이다."[15]

말하자면 '차이'가 산업적으로 생산됨으로 인해 실제적인 '차이', '특이성', '개성'은 사라진다. 보드리야르는 이런 의미에서 '차이의 숭배는 차이들의 상실에 근거'[16]한다고 말한다. 이런 의미에서 보드리야르는 구별과 순응의 이분법을 폐기한다. 개인적 욕구를 가진 개인이 먼저 존재해서 이 개인적 욕구가 '권위 내지 순응의 요청에 따라서' 집단의 질서에 의해 억압되거나, 개인적인 욕구와 집단의 요청 사이에 타협이 존재하는 것이 아니라는 것이다. 오히려 '차이화의 구조적 논리'[17]가 먼저 존재해서 개인들을 '개성화'된 존재로 만들어내는 것이며, 따라서 구별과 순응은 구분 지을 수도 없다.

이러한 차이화의 체계는 오히려 차이의 교환을 통해서 "집단의

---

15) 『소비의 사회』, 129쪽
16) 『소비의 사회』, 130쪽
17) 『소비의 사회』, 136쪽

통합을 공고하게 한다."[18] 이런 의미에서 소비는 '커뮤니케이션 및 교환의 체계'[19]가 된다. 현대사회는 일반화된 교환의 체계로써 현대사회 속에서 모든 차이 나는 것들은 교환되며, 기호의 형식을 통해 교환된다. 이러한 교환이 가능한 것은 차이가 산업적이고 계통적으로 생산되며 이렇게 생산된 차이들은 서로 대체될 수 있기 때문이다.

현대의 사회통합은 기만적인 이데올로기로써의 평등주의와 민주주의를 통해서 이루어지는 것이 아니다. 그렇기에는 이 이데올로기는 현대 사회의 객관적 현실과 명백하게 모순된다. 오히려 사회 통합은 '개인들을 차이의 체계와 기호의 코드에 끌어들임'[20]으로써 이루어진다. 소비의 이데올로기는 개인들을 쾌락에 빠뜨림으로써 사회적 저항을 생각하지 못하게 함으로써가 아니라, 기호체계의 코드를 받아들이게 함으로써 작동된다.

"사람들의 생활을 더 유복하게 함으로써가 아니라, 반대로 그들을 게임의 규칙에 참가시킴으로써 이다. 따라서 소비는 그

---

18) 『소비의 사회』, 138쪽
19) 『소비의 사회』, 138쪽
20) 『소비의 사회』, 139쪽

자체만으로도 모든 이데올로기를 대신할 수 있으며, 또 장기적으로는 미개사회의 위계질서적 또는 종교적 의례가 행했던 바와 같이 그 자체만으로 사회 전체의 통합을 담당할 수 있다."[21]

2. 『소비의 사회』에서의 매체 이론

보드리야르는 오늘날 문화는 문화의 재활용(recyclage), 즉 주기적인 유행의 반복에 의해 죽음을 맞이했다고 말한다. 왜냐하면, 사회적 유행에 따른다는 것은 두 종류의 문화, 즉 ⑴ 전통의 보존이라는 기능을 수행하는 전통문화, ⑵ 비판적 초월성이라는 기능을 수행하는 아방가르드 문화 모두에 치명적으로 작용하기 때문이다. 그리고 이렇게 '모든 의미작용이 주기적으로 변화한다는 것'[22]은 매스커뮤니케이션의 기표가 더는 최종적 기의를 지시하지 않고 기표들의 지시가 순환의 체계를 형성하

---

21) 『소비의 사회』, 140쪽
22) 『소비의 사회』, 156쪽

며, 결국 이것이 의미작용의 순환체계를 형성하기 때문에 발생하는 것이다. 이것은 문화가 미디어의 시뮬라시옹의 유희에 의해 지배를 받는다는 것을 의미한다. 또한, 미디어의 시뮬라시옹은 코드에 의해 지배받는다. 그렇기 때문에 문화는 미디어와 그 코드에 의해 '생산'될 수 있다. 미디어가 연출하는 의사(擬似) 사건처럼.

이렇게 대중매체와 그 코드에 의해 '생산'되는 문화는 더는 진정한 의미에서의 문화가 아니라고 보드리야르는 말한다. 이것은 대중매체의 '퀴즈 프로그램'에서 잘 드러난다. '퀴즈 프로그램'의 진정한 기능은 대중들을 지적으로 훈련하는 것이 아니라 '어떠한 의미 내용도 주의 깊게 배제된 기호의 형식적 코드'[23]를 통해 일종의 의례에 사람들을 참여시키는 데에 있다.

"이러한 퀴즈의 기능은 훈련(…)이 아닌 것을 알 수 있는데, 그렇다면 본래의 기능은 무엇인가? … 프로그램 내용은 어떠한 중요성도 없다. 출연자에게는 20초 동안 자신의 목소리가 사회자의 목소리와 함께 라디오 전파를 탔다는 것이, 다시 말하면 사회자와 짧은 대화를 나누고 그를 통해서 청취자라는 열

---

23) 『소비의 사회』, 160쪽

렬하고 익명적인 대중과 주술적인 접촉을 했다는 것이 즐거움
이다."[24]

이러한 '익명적 대중과의 주술적 접촉'은 일종의 새로운 형식의
영성체(communion)로서 좀 더 현대적이고 '기술적'인 용어로 말
하자면 '커뮤니케이션'이다. 말하자면 현대의 영성체는 빵과 포도
주를 통해서가 아니라 기술 매체를 통해서 이루어진다. 이러한
커뮤니케이션을 통해 공유되는 것은 "문화', 즉 살아 있는 물체,
집단의 현존'[25]이 아니며 시민으로서 자격을 얻기 위해 소비자가
소지해야 할 필수적인 상식을 의미한다. 보드리야르는 이러한 상
식을 '최소공통문화'라고 비꼰다. 이러한 최소공통문화로서의 '상
식'은 흔히 '대중문화'라고도 불린다.

최소공통문화는 '코드화된 질문과 해답의 일람표'[26]에 불과하
며, 이러한 최소공통문화는 현실의 문화를 '교양화에 따르는 의
례적인 기호'[27]로 대체하기 위해 만들어졌다. 보드리야르는 '코드

---

24) 『소비의 사회』, 159쪽
25) 『소비의 사회』, 160쪽
26) 『소비의 사회』, 160쪽
27) 『소비의 사회』, 160쪽

화된 질문과 해답'의 형식이 소비 행동 일반을 지배한다고 말한다. 즉 '퀴즈'의 형식이 소비 행동 패턴을 구조화한다는 것이다. 오늘날 물건을 산다는 것은 어떤 질문에 대한 대답인 것이다.

> "소비자의 행동은 다양한 자극에 대한 반응의 연쇄로 조직된다. 취미, 선호, 욕구, 태도결정 등의 경우 소비자는 사물의 영역에도, 관계의 영역에도 끊임없이 부추겨지고 '질문 받고' 대답하도록 독촉받는다. 이런 의미에서 사물을 산다는 행위는 퀴즈 프로그램과 비슷하다."[28]

보드리야르는 대중매체에서 '세계사의 움직임'[29]과 같은 심각한 주제의 뉴스와 세제와 같은 사소한 사물의 광고 선전이 교대되어 나타나는 것은 모든 영역들의 등가성, 즉 '역사와 3면 기사, 사건 및 스펙터클, 뉴스와 광고의 기호 수준에서의 등가성'을 강요하는 것이다. 그러나 이와 같은 등가성은 뉴스와 광고의 무질서한 잡탕을 만드는 것이 아니라 질서 있고 주의 깊은 배합에 의해 작동한다.

---

28) 『소비의 사회』, 162쪽
29) 『소비의 사회』, 194쪽

"뉴스와 광고를 계획적으로 교대하면서 청취자들에게 수신의 유일한 도식, 즉 소비의 도식을 강요하는 것이다."[30]

이러한 '소비의 도식'은 세계의 단편들을 절취해 놓고 이들을 이어 붙여서 일관성 있는 메시지로 변환시키는 도식을 의미한다. 대중매체가 발신하는 메시지의 명시적 내용이 중요한 것이 아니라 현실을 '등가기호의 연쇄'[31]로 분해하는 기술 매체의 강제적 도식이 중요하다. 이런 의미에서 보드리야르는 맥루한의 "미디어는 메시지다."라는 공식에 충실한 매체 이론을 전개하고 있다. 이 공식이 함의하는 바는 대중매체의 진정한 메시지가 대중매체가 전달하는 메시지의 내용이 아니라 대중매체의 기술적 본질과 이러한 테크놀로지 자체가 인간에게 미치는 영향이라는 것이다.

"미디어가 전달하는 내용은 대부분의 경우 미디어의 실제 기능을 은폐한다. 이 내용은 메시지인 척하지만, 진짜 메시지(…)는 인간 관계의 깊은 곳에서 일어나는(가치기준 및 척도, 모델, 형식의) 구조적 변화이다. 대략적으로 보면 철도의 '메시

---

30) 『소비의 사회』, 195쪽
31) 『소비의 사회』, 195쪽

지'는 그것에 의해 운송되는 석탄이나 승객이 아니라 하나의 세계관, 인구밀집지역이 획득한 새로운 지위이다."[32]

보드리야르는 대중매체들은 다원주의를 표방하지만 '서로 의미를 보완하고 서로 참조하게'[33] 됨으로써 결국 동질적인 내용으로 수렴하게 되는 것이 대중매체 사회가 처한 운명이라고 말한다. "이것이야말로 소비사회의 전체주의적 '메시지'이다."[34]

보드리야르는 또한 텔레비전의 진정한 메시지가 그것에 의해 전달되는 소리나 이미지가 아니며, 잘린 세계를 특정한 방식으로 이어붙이도록 하는 모든 것을 '읽을 만한 것'으로 만드는 독해체계의 '전능성'이라고 말한다. "우리가 '소비하는' 것은 기술적인 동시에 '전설적인' 코드에 따라서 세분화되고 여과된 그리고 재해석된 세계의 실체다."[35]

그리고 이러한 대중매체의 코드를 통해 생산되는 기호와 이미지들은 기의를 지시하지 않으며 결국 자기 자신을 지시한다. "즉

---

32) 『소비의 사회』, 197쪽

33) 『소비의 사회』, 197쪽

34) 『소비의 사회』, 197쪽

35) 『소비의 사회』, 198쪽

기의의 소멸과 기표의 동어반복이다."**36** 텔레비전이 생산해내는 것은 결국 아무것도 지시하지 않고 자기 자신을 지시하는 '이미지로서의 이미지'이다. 이러한 '기표의 동어반복'은 사건의 독특성을 상실시키며 대중매체는 이러한 기표가 부여된 사건, 즉 코드를 통해서 '해석된 사건'을 대중들에게 전달한다. 특히 광고라는 대중매체는 모든 사람들에게 코드에의 복종을 강요한다.

> *"광고의 이미지와 문안은 그때마다 모든 사람의 동의를 강요한다. 그들은 잠재적으로 그것들을 해독할 것을 요구받고 있다. 달리 말하면 그들은 메시지를 해독하면서 메시지가 편입되어 있는 코드에의 자동적인 동화를 강요하는 것이다."***37***

광고의 실제 기능은 광고의 메시지, 분량, 광고 대중으로부터 유래하는 것이 아니라 자율적인 것으로 된 매체 자체의 논리, 즉 실재로부터 독립하여 실재를 가리키는 것이 아니라 '어떤 기호에서 다른 기호로'**38** 나아가는 순환의 과정을 재생산시키는 논리에

---

36) 『소비의 사회』, 199쪽

37) 『소비의 사회』, 200쪽

38) 『소비의 사회』, 201쪽

의한 것이다. 이와 같이 대중매체는 현실의 세계에 근거하지 않고 자기 자신에 근거하기 때문에 '자율적'이다. 즉, 대중매체는 실재의 세계를 코드로 대체하는, 즉 '의사(擬似)이벤트, 의사역사, 의사문화의 세계'[39]로 실재 세계를 대체하는 힘을 가지고 있다. 이런 대중매체의 조작은 단순한 참과 거짓의 문제를 초월하며 훗날 보드리야르가 참도 거짓도 아닌, 하이퍼−리얼리티(hyper−reality)라고 부르게 되는 네오−리얼리티를 생산해낸다. 그리고 하나의 '시뮬라시옹 모델'에 의해 "사건, 구조 또는 상황 예측이 행해지고, 이 예측에서 현실 세계에 시행할 전술이 결정된다."[40] 이러한 모델은 '현실로서의 힘'[41]을 가지게 된다. 즉 모델에 의해 자기−실현적 예언이 행해지는 것이다. 우리의 일상생활을 반영하는 것이 모델이 아니라 시뮬라시옹 모델의 구현이 바로 우리의 일상생활이 되어버린다.

보드리야르는 대중매체의 광고적 언설이 "의미와 증거를 없애고 그 대신에 명령의 반복인 문장 없는 호출부호로 대체한다."[42]

39) 『소비의 사회』, 202쪽
40) 『소비의 사회』, 203쪽
41) 『소비의 사회』, 203쪽
42) 『소비의 사회』, 207쪽

라고 말한다. 즉 기표의 동어반복은 실제적 의미를 가진 '문장'이 아닌 '호출부호'에 불과하다는 것이다. 예를 들어 렌트카 회사인 헤르츠의 광고는 다음과 같다.

> "냉정하게 생각하십시오. 당신이 저희 회사에서 플러스 알파를 찾지 못하신다면 저희 회사는 오늘날의 위치에 도달하지 못했을 것입니다. … 그러면 아마도 다른 어떤 회사가 이 광고를 냈을 것입니다."[43]

이러한 '동어 반복에 의한 증명'은 반복 자체를 통해 인과관계를 만들고 있다. 그리고 "실험실에서 분자의 인공합성이 행해지는 바와 같이, 여기에서는 어떤 효과를 가져오는 말에 근거해서 진실의 '인공합성'이 행해지고 있다."[44]

---

43) 『소비의 사회』, 207쪽
44) 『소비의 사회』, 207쪽

3. 소비 사회에서의 육체

소비 사회에서는 육체와 성에 대한 언설이 범람하며 더 나아가 육체가 '구원의 대상'[45]이 되었으며, 끊임없이 이러한 육체를 구원해야 한다는 선전이 반복되고 있다. 육체는 단순히 자연적인 사물이 아니며 "인간과 육체의 관계를 결정하는 양식은 … 인간과 사물의 관계 및 사회적 관계를 결정하는 양식을 반영한다."[46] 오늘날 소비 자본주의 하에서 육체는 자본과 물신이 되어버렸다. 즉 경제적 의미에서 투자의 대상이자 심리적 의미에서 물신숭배의 대상이 되어버렸다.

육체에의 열중은 다른 사람과의 경쟁에서 경쟁력을 올리는 유효한 투자가 된다. 말하자면 육체는 하나의 자산, 하나의 사유재산이 된 것이다. 이 소유의 대상이 된 육체는 지젝이 언급하듯이 "즐겨라."라고 말하는 초자아의 규범, 즉 '향락과 쾌락주의적 효율성의 규범적 원리'[47]의 규제를 받는다.

또한, 육체는 사회적 차이화를 생산해내는 기호 체계 코드의

---

45) 『소비의 사회』, 208쪽
46) 『소비의 사회』, 209쪽
47) 『소비의 사회』, 213쪽

지배를 받는다. 오늘날 우리의 몸을 감싸는 피부조차도 '기호와 유행의 준거'[48]가 되어버렸다. 즉 피부는 사회적 지위를 표시하는 '차이 표시 기호'가 되어버렸다. 특히 연극에서 나체는 하나의 유행 의상에 불과하다는 사실이 명백히 드러난다. 말하자면 피부를 포함한 우리의 육체는 소비대상 중 하나가 된다.

이런 의미에서 인간과 자신의 육체를 화해시킨다는 구실 하에서 벌어지는 것은 사회적 관계와 사회적 체계, 그리고 사회적 규범의 육체로의 침투이다. 그리고 인간과 그 자신의 육체 관계는 사회적 관계와 같은 것이 된다. '즉 협박, 억압, 피해망상적 증후'[49] 등이 도입된다.

이렇게 육체를 가꾸는 것은 오늘날 '사회적 노동'이 되어가고 있으며 "이러한 노동은 인간해방이라는 신화로 감추는 경향이 있지만, 노동력으로서의 육체의 착취보다 훨씬 더 소외된 노동이라는 것은 의심할 바가 없다."[50]

오늘날 육체의 아름다움, 특히 여성의 아름다움은 칼뱅에 있어서 사업적 성공이 신에게 선택되었다는 표지이듯이 '육체의 세계

---

48) 『소비의 사회』, 210쪽
49) 『소비의 사회』, 211쪽
50) 『소비의 사회』, 213쪽

에서 신에게 선택된 표시'[51]이다. 그리고 이러한 여성의 아름다움을 가꾸기 위해서는 청교도들이 경제적 성공에 도달하기 위해 필요한 노동만큼의 '노동'이 필수적이다. 이러한 의미에서 이러한 '아름다움의 윤리'는 "프로테스탄티즘 윤리와도 무관하지 않다."[52]

아름다움은 기호의 교환과정에서 교환되는 기호의 용구에 불과하며, 가치이자 기호로서 기능한다. 이와 같은 의미에서 육체의 사용가치로서 '에너지적, 동작적, 성적'[53] 가치는 자본의 한 형태로서 아름다움이 가지는 기능적 교환가치로 환원된다.

이러한 기능적 아름다움은 기능적 에로티시즘과 땔래야 뗄 수 없는 관계에 있다. 이러한 에로티시즘의 영역은 교환의 영역이기 때문에 본래의 개인적이고 개별적인 의미의 성욕과는 구별되어야 하며, 에로티시즘은 교환의 사회적 기능에 의해 규정된다. 즉 에로티시즘은 기호 코드의 지배를 받는다. 이러한 에로티시즘은 소비의 전 영역에 침투하며 하나의 유행에 불과한 것이 아니라 '유행 그 자체'[54]이다.

---

51) 『소비의 사회』, 215쪽
52) 『소비의 사회』, 216쪽
53) 『소비의 사회』, 216쪽
54) 『소비의 사회』, 219쪽

이러한 육체, 아름다움, 에로티시즘은 매출을 늘리는 힘이 있다. 근대 사회에서 생산성 향상을 위해 육체가 합리적으로 착취되는 것처럼, "육체가 모든 속박으로부터 '해방'되어야 한다."[55]

"욕망의 힘이 합리적으로 조작될 수 있는 기호로서의 사물의 수요로 바뀌기 위해서는 개인은 자신의 육체를 재발견하고 자신의 육체에 자기도취적으로 열중할 필요가 있다."[56]

그런데 이러한 경제 지상주의적 목표보다 사회의 통합과 관리라는 목표는 더 근본적인 수준에 존재한다. 사회의 통합을 보증하지 못하는 영혼의 이데올로기는 몰락하고, '개인주의 가치 체계와 그것과 관련된 사회구조를 유지하는 이데올로기'[57]로써 기능하는 것은 육체의 이데올로기이다. 즉 앞에서 보았듯이 개인주의를 조장함과 동시에 이러한 개체의 육체의 차이를 '사회적 차이화의 체계'에 집어넣음으로써 사회 통제를 가능하게 하는 것이다. 개인들은 자신들도 모르는 사이에 사회적 규범과 기호체계의 코드에 복종하고 있다.

---

55) 『소비의 사회』, 220쪽
56) 『소비의 사회』, 220~221쪽
57) 『소비의 사회』, 223쪽

이런 의미에서 보드리야르는 이러한 육체의 이데올로기가 주장하는 '육체의 명증성'이 거짓이며, 이런 의미에서 육체는 하나의 관념으로서 '기능적인 이데올로기'라고 말한다. 육체에 몰입함은 이른바 경제적인 재생산에 도움이 될 뿐만 아니라, '육체의 강조'는 사회 통합의 원칙이자 사회 통제의 전략으로서 기능하고 있다.

4. 소비 사회에서 여가란 무엇인가?

소비 사회에서 '여가'는 '자유 시간'이 될 수 없으며 점차로 '사회적 노동'이 되어가고 있는데, 왜냐하면 이제 여가를 어떻게 보내는지가 차이 표시 기호가 되고 있기 때문이다. 이런 의미에서 소비사회에서 '여가 시간'은 일종의 '사유재산'이자 '자본'이 되어가고 있다. 또한, 시간은 더는 순수한 사용가치가 아니라 '교환가치의 법칙에 따르는 희소하고 귀중한 상품'[58]이기도

---

58) 『소비의 사회』, 253쪽

하다. 예를 들어 액체 상태의 오렌지 주스가 언 오렌지 주스보다 비싼 것은 언 오렌지 주스를 녹이는 데에 필요한 2분간의 시간을 액체 상태의 오렌지 주스를 사게 되면 벌 수 있기 때문이며, 따라서 "소비자는 자기 자신의 자유 시간마저도 돈을 주고 사지 않으면 안 되는 것이다."[59] 그리고 이 상품이자 사유재산으로서의 시간은 낭비될 수 없다.

> "이 운명은 노동을 짓누르고 있는 것처럼 여가도 짓누르고 있다. 시간을 여봐란 듯이 헛되이 보내는 경우에도 우리는 자신의 시간을 '활용'하지 않으면 안 된다. 바캉스라고 하는 자유 시간은 여전히 휴가를 얻은 자의 사유재산이며, 1년간 땀을 흘려 얻은 하나의 재(財)이다. 이 재를 그는 다른 사물들과 똑같이 향유한다."[60]

보드리야르는 이에 비해 원시 사회에서는 시간은 개인적인 소유물이나 상품, 자본이 아니라 사회적 활동의 리듬 자체라고 말한다. 이렇게 시간이 집단 활동의 리듬으로부터 떨어져 나와 순수

---

59) 『소비의 사회』, 253쪽
60) 『소비의 사회』, 256쪽

한 추상적 개념으로서 자립할 수 없기에 보드리야르는 원시 사회에는 "시간이 없다."라고 말한다.

　반면에 현대 소비 사회에서 시간은 양적으로 추상화되어 균질화될 뿐만 아니라 교환가치를 가진다. 이런 의미에서 노동시간과 마찬가지로 여가 시간은 교환가치 법칙의 지배를 받는 시간이며, 강제와 구속으로부터 자유로운 시간이 아니다. 이와 같이 시간이 교환가치로 객체화된 현대 소비 사회에서는 진정한 의미의 '바캉스(vacance)', 즉 비어 있는 상태는 존재하지 않는다. 오히려 우리는 시간을 '벌' 수밖에 없으며 한 톨의 시간도 버릴 수 없다. 자유 시간은 아무것도 생산하지 않는 시간이 아니라 '차이 표시 기호'를 생산해내는 '사회적 노동'의 시간이다.

　　"이 시간은 차이표시적·지위표시적 가치, 위세가치를 만들어 내는 생산적 시간이다. 아무것도 하지 않는다(…)는 것도 이런 의미에서는 특수한 활동이다. 가치(기호 등도 포함해서)를 생산하는 것은 일종의 의무가 된 사회적 노역이며, … 여가 속의 시간은 '자유' 시간이 아니라 지출된 시간이며, 완전히 낭비되는 것은 아니다."*61*

  그리고 여가 시간은 사실상 이중적 의미의 복종 시간, 즉 욕
구와 충족의 최대화, 즉 '즐겨라.'라는 초자아의 명령에 복종하는
시간인 동시에 사회적 차이화와 차별의 코드에 복종하는 시간이
기 때문에도 '자유' 시간일 수 없다.

5. 기호화된 사회적 관계의 생산

              소비사회를 규정하는 것은 단순히 상품의 생
산과 소비가 아니라 기호화된 사회적 관계의 인위적 생산과 그
소비이다. 즉 '인간관계, 연대, 서로 간의 협력, 따뜻함'*62* 등이 기
호로 생산되고 소비된다. 이러한 사회적 관계의 인위적 생산은
실제의 자연발생적 인간관계가 파괴된 현대사회에 기호를 통해

---

61) 『소비의 사회』, 261쪽
62) 『소비의 사회』, 268쪽

서 인간관계를 '사회적 회로에 재투입'[63]하는 것이다. 이러한 인간관계를 인위적으로 투입하는 과정은 참도 거짓도 아닌 시뮬라크르를 생산해내는 시뮬라시옹의 과정이다. 특히 소비사회는 따뜻함의 이미지와 결합된 '제도화된 미소'[64]를 통해 '사회관계의 원활화'[65]를 꾀한다. 이러한 인간관계의 소비는 '배려의 기호'[66]의 소비에 불과하지만, 냉혹한 경쟁 사회로부터 '치유'받기 위해서는 이러한 '배려의 기호'가 필요하게 된다.

그런데 보드리야르에 의하면 이러한 '배려'의 체계는 모순을 함축하고 있다. 왜냐하면, 이러한 '배려의 기호'의 생산은 냉혹한 교환가치의 추상화의 법칙에 복종해야 하기 때문이다. 이에 따라 "배려를 만들어낼 예정이었던 이 체계가 사회적 거리, 커뮤니케이션 불능의 상태, 인간관계의 불투명성 및 잔학성을 동시에 생산하고 재생산하게 되었다."[67]

공무원들이나 은행원의 퉁명스러움과 차가운 태도는 바로 이

---

63) 『소비의 사회』, 268쪽
64) 『소비의 사회』, 268쪽
65) 『소비의 사회』, 268쪽
66) 『소비의 사회』, 268쪽
67) 『소비의 사회』, 270쪽

러한 배려의 체계에 대한 저항의 일종이다. 즉 "돈 때문에 하고 있었을 뿐인 판에 박힌 헌신을 마치 자연스럽게 나타내야 한다는 모순에 대한 그들의 저항이다."[68] 이러한 저항은 '살아 있는 인간'[69]의, 가면을 쓰도록 강요하는 사회질서에 대한 저항이다. 그런데 오늘날은 인사고과에 '고객 만족'이 필수항목으로 들어가게 됨에 따라 이러한 저항은 분쇄되고 있다. 그뿐만 아니라 원활한 기능적 사회관계가 인간의 내면을 깊숙이 지배하며 가면 뒤의 '살아 있는 인간'을 사라지게 하고 있다.

"오늘날에는 진짜 기능적인 관계가 사람들 사이에 일체의 긴장을 없애버렸다. '기능적' 서비스의 관계는 더 이상 폭력적, 위선적이지도, 사도-마조히즘적이지도 않다. 그 관계는 공공연하게 따뜻함을 지녔으며 자발적으로 개인화되었고, 결정적으로까지 부드러워지고 있다. 오를리 공항이나 텔레비전 여자 아나운서들의 극도록 몰개성적인 어조가 그러한 것인데, 그것은 '진심에서 우러나오는' 계산된 무기력한 미소와 통하는 것

---

68) 『소비의 사회』, 273쪽
69) 『소비의 사회』, 273쪽

이다."**70**

이를 통해 '본질과 외관'의 변증법이 사라지고 기능적인 인간, 즉 체계의 함수로 결정되는 인간이 나타난다.

광고의 사회적 기능은 단순히 '물건을 파는' 역할이 아니라 오히려 '무상성'의 이미지를 통해 "상품교환의 경제적 합리성을 부정하는 것이다."**71** 광고는 증여의 이미지를 통해 나타난다. 광고의 기능은 귀족들이 민중에게 베풀어준 축제처럼 대기업 등의 지배세력의 '자애로움'을 나타내는 '시혜'를 홍보하는 것이다. 이를 통해 사회통합이 발생하며 '관계와 사회의 통일성, 커뮤니케이션'**72**이 재생산되는 것이다.

보드리야르는 'solliciter'라는 프랑스어 동사가 1) 증여와 베풂, 돌봄이라는 '배려하다'의 의미, 2) 반대로 '자신에게 이익이 되도록 방향을 바꾼다거나 유혹'**73**한다는 의미라는 이중적 의미를 가지고 있다고 말한다. 그리고 소비사회에서의 '배려'가 그 이면에

---

70) 『소비의 사회』, 273쪽

71) 『소비의 사회』, 274쪽

72) 『소비의 사회』, 277쪽

73) 『소비의 사회』, 281쪽

는 'solliciter'의 두 번째 의미를 함축하고 있다고 말한다. 오히려 배려가 전달하는 증여는 자신에게 이익이 되도록 방향을 바꾸는 데에 조건이 되어가는 것이다.

오늘날 '배려의 주술'은 다음과 같은 명확한 사회적 기능을 담당하고 있다. 1) 오늘날 사회적 분할에 의해 고립되어 있는 사람에게 기호화된 인간관계라는 시뮬라크르를 제공하는 것, 2) 정치제도를 대신하여, 사회의 형식적 통합을 위한 정치 전략의 결정, 3) 개인에 대한 내면적인 통제.

이러한 '배려의 주술'을 통해 태어나는 것은 새로운 주체이다. 사교성의 중요성이 부각되며 이러한 사교적인 인간은 '개성화의 코드'와 개성을 생산해내는 기호체계를 따른다는 점에서 개인주의적이지만 '타인, 다양한 사회적 입장, 직업과 가능한 한 마찰을 일으키지 않'[74]도록 훈련된다는 점에서 반–개인주의적이다. 이러한 개인은 유동적인 사회적 관계의 한 항목에 지나지 않는다. 즉 현대 사회에서는 진정한 의미의 '주체'도 '타자'도 존재하지 않으며, 주체와 타자는 서로에게 내재화된다.

---

74) 『소비의 사회』, 286쪽

6. 본질과 외관의 변증법의 종말과 내재성 속의 신화

　　　　　　　보드리야르는 초기 자본주의 사회에서의 인간 소외를 잘 보여주는 작품으로 「프라하의 학생」이라는 영화를 언급하고 있다. 이 영화에서 주인공인 학생은 악마에게 자신의 거울상(像)을 파는데, 이 거울상은 점차 나로부터 독립하여 나의 의지에 반대되는 적대적인 존재가 된다. 학생은 결국 이 거울상을 제거하기로 마음먹고 자신의 분신을 향해 총을 쏘지만, 결국 죽은 것은 그 학생 자신이다.

　이와 같이 초기 자본주의 사회에서 인간은 자신의 일부를 팔 수밖에, 즉 상품화할 수밖에 없으며, 이렇게 나로부터 떨어져 나간 상품화된 나의 일부는 나의 본질로부터 소외될 뿐만 아니라 나에게 낯선 존재가 되고, 나의 의지와 독립적인 존재가 된다. 결국, 이 나의 일부는 나에게 적대적인 존재가 된다.

　"학생의 상(像)은 우연히 잃어버리거나 파괴된 것이 아니라 팔린 것이다. 상품의 영역에 속하게 되었다고 말할 수 있는데,

이것이야말로 구체적인 사회적 소외의 의미다."[75]

그런데 보드리야르는 후기 자본주의 사회, 즉 소비사회에서 더는 이런 본질과 외관의 변증법은 통하지 않는다고 말한다. 소비 사회에서 이제 기호와 이미지의 질서는 인간을 완전히 집어삼켜서 더는 이미지와 구별되는 '나의 본질'을 찾을 수 없기 때문이다. 보드리야르는 다음과 같이 쓰고 있다.

"소비의 일반적인 과정에서는 혼도 그림자도 거울에 비친 상도 더는 존재하지 않는다. 존재 그 자체의 모순도, 존재와 외관의 대립도 더는 없다. 기호의 발신과 수신만이 있을 뿐이다. 그리고 개인으로서의 존재는 기호의 조작과 계산속에서 소멸한다. … 소비의 인간은 … 자기 자신의 상(像)과 마주 대하는 일도 없다. 그는 자신이 늘어놓은 기호의 내부에 존재하는 것이다."[76]

이른바 '개인'은 기호의 질서 속에 흡수되어 버리며, 소비의 주

---

75) 『소비의 사회』, 320쪽
76) 『소비의 사회』, 325쪽

체는 이러한 개인이 아니라 기호와 커뮤니케이션의 체계이다. 오늘날 소비사회를 상징하는 사물은 거울이 아니라 쇼윈도이다. 거울은 이른바 반성(反省)의 매체였지만 쇼윈도 속에서는 자기 자신과의 마주침이 존재하지 않는다. 쇼윈도 속에서 개인은 '반영'되지 않으며 다만 사라진다.

기호의 내재적 질서가 모든 것을 삼킴에 따라 모든 감성을 넘어선 초월성은 사라진다. 이것은 마르크스가 '감각적인 동시에 초감각적인' 존재라고 불렀던 상품의 초월성조차도 마찬가지이다. 또한, 이제 감각에 선행하는 것은 기호체계의 코드와 시뮬라시옹의 모델뿐이다. 그런데 이러한 내재성 속에서 하나의 '신화'가 탄생한다.

소비 사회는 단순히 물질적인 소비가 증대하는 사회가 아니며 광고 등을 통해 '자신에 대해 말하는 담론의 체제'이다. 보드리야르의 말대로 단지 물질을 소비할 뿐이라면 소비는 '신화'가 되지 않을 것이다. 소비는 일종의 '자기실현적 예언'이며 동시에 자기 자신에 대한 담론적 체계이기 때문에 '신화'가 되는 것이다.

"소비는 하나의 신화다. 현대사회가 자기 자신에 대해서 하는 말, 우리 사회가 스스로를 말하는 방식, 그것이 소비다."[77]

이런 의미에서 소비에 대한 비판적인 담론조차도 소비의 대상이며 소비의 체계에서 역할을 수행하고 있다. 특히 소비를 '물질적 만족'을 추구하는, 다른 말로 하면 '저차원의 가치'를 만족시키는 행위로 규정하는, 소박한 지식인적 담론들이 그렇다. 이들 담론에도 '소비자'가 존재하며, 이러한 담론은 '차이 표시 기호'가 되어 '소비'의 질서에 편입된다. 이런 의미에서 "풍부함 속에는 더 이상 이단이 존재할 수 없다."[78] 이러한 그에 대한 부정이 존재할 수 없는 소비의 '하얀 미사'[79]를 우리는 부술 수 있을 것인가?

77) 『소비의 사회』, 328쪽
78) 『소비의 사회』, 333쪽
79) 『소비의 사회』, 334쪽

참고문헌

장 보드리야르, 이상률 옮김, 『소비의 사회』, 서울: 문예출판사, 2014

Ⅱ. 마르크스주의를
넘어서는 보드리야르

0. 서론: 마르크스주의에 대한 총체적인 공격

보드리야르의 마르크스주의에 대한 공격은 실로 강력하다. 그의 마르크스주의 비판은 『기호의 정치경제학 비판』과 『생산의 거울』을 통해서 본격화된다. 이 저작들에서 마르크스주의의 사용가치라는 사물의 궁극 목적성에 대한 소박한 신앙은 가차 없이 비판되고, 인간의 본질로서 노동과 생산의 개념은 총체적으로 폭파된다.

보드리야르는 마르크스가 자기 시대의 인식 틀에서 궁극적으로 벗어나지 못했다고 주장한다는 점에서 푸코와 동일하다. 마르크스주의는 원시사회, 고대사회, 중세 사회뿐만 아니라 탈산업화된 현대 자본주의조차도 설명하지 못하는 이론이다. 마르크스주의자들은 마르크스의 도식을 모든 종류의 사회에 투영하는데, 이는 무분별한 학문적 제국주의의 폭력을 낳는다.

그리고 보드리야르는 마르크스주의가 모든 교환을 상품의 등가교환으로 환원함으로써 그 밑에 깔린 호혜적 증여로서의 상징적 교환을 은폐하거나 억압하는 데 일조해 왔다고 말한다. 마르크스주의는 상품교환의 외부에 사용가치의 영역이 있음을 강조하지만, 보드리야르는 사용가치가 교환가치의 효과에 지나지 않으며, 따라서 사용가치는 자본주의의 외부가 아님을 증명한다. 반면 상징적 교환은 자본주의가 완전히 흡수할 수는 없는 '외부성'을 가진다.

따라서 상징적 교환을 이론에서 배제하는 마르크스주의는 자본주의를 극복할 수 없다. 또한, 더 이상 물질적 생산은 자본주의의 핵심이 아니며, 현대 자본주의는 기호와 이미지의 폭발적 생산으로 특징 지워지는 자본주의라는 것이 보드리야르의 주장이다.

이제 보드리야르의 마르크스주의라는 '신학'에 대한 총체적인 비판을, 그 무자비하고 객관적이고 냉혹하며 근본적인 비판을 보게 될 것이다. 보드리야르가 마르크스주의를 어떻게 넘어서는지 보기로 하자.

1. 욕구와 사용가치 개념의 비판

보드리야르는 우리가 자명하다고 생각하는 상식을 의심한다. 보드리야르에 의하면 우리는 '욕구에 입각하여 물건들을 보는 자연발생적 시각, 물건들의 사용가치에 우선권이 있다는 가설'[80]을 넘어서야 한다. 즉 '수요'로써의 주체가 사용가치로써 대상과 마주한다는 생각이야말로 환상이라는 것이다.

보드리야르는 욕구는 그렇게 자명한 것도 아니고 투명한 것도 아니라고 말한다. '욕구'라는 마술적 개념 덕택으로 경제학자들은 주체와 대상을 접합할 수 있다. 주체와 대상의 관계를 서로에 대한 기능적 반응으로 나타냄으로써 말이다. 보드리야르에 의하면 '이것은 사실상 대상에 의해 주체를, 그리고 거꾸로 주체에 의해 대상을 규정하는 작업'[81]이다. 이러한 욕구에 대한 이론은 주체와 대상 간의 '잘못된 변증법'이다. 이러한 순환논리에 의해 정치경제학은 기초가 놓여 있는 것이다.

또한, 욕구가 자연발생적이라는 경제학자들이나 사회학자들의

---

80) 장 보드리야르, 이규현 옮김, 『기호의 정치경제학 비판』, 서울: 문학과 지성사, 2007, 11쪽
81) 『기호의 정치경제학 비판』, 67쪽

생각은 자연에 가까운 '일차적 욕구'와 문화에 가까운 '이차적 욕구'가 존재한다는 생각으로 발전된다. 예를 들면 인간은 생존 본능을 가지고 있으며, 생존에 대한 욕구는 일차적이라는 것이다. 그러나 원시사회에서 생존 본능은 상징적 의례보다 중요하지 않으며, 상징적인 것을 위해 사람들은 목숨을 바치기 마련이다. 즉 생존의 욕구 이전에 사치와 위세의 욕구가 있다. 보드리야르는 다음과 같이 쓰고 있다.

"사실 '생사에 관계되느니 인류학적 최소한도'는 존재하지 않는다. 어느 사회에서건 그 최소한도는 초과량, 이를테면 신의 몫, 제물의 몫, 사치비용, 경제적 이윤의 절박한 기본적 필요에 의해서 나머지 같은 것으로 결정되기 때문이다. 생존의 수준을 부정적으로 결정짓는 것은 바로 그 사치용 공제이지 그 반대가 아니다."[82]

이와 같이 우리가 '일차적인 욕구'라고 생각하는 것은 자연발생적이지도, 일차적이지도 않으며, 차라리 우리는 욕구를 체제에

---

82) 『기호의 정치경제학 비판』, 80쪽

의해 유도된 기능으로 보아야 한다.

보드리야르는 또한 사용가치에 대한 마르크스주의의 담화를 의심한다. 마르크스주의에 의하면 사용가치는 사물의 궁극적인 목적으로써 양으로 측정되지 않는다는 이유에서 자본주의에서 벗어나 있다. 그렇기에 마르크스주의자들은 다음과 같이 말한다.

> "… 사용가치는 상품 경제, 화폐, 교환가치를 넘어, 자신의 노동과 생산물에 대한 인간의 단순한 관계에서 찾아볼 수 있는 자율성 속으로 다시 솟아오를 가망성이 있다."[83]

그러나 보드리야르는 이러한 '신학'을 의심한다. 마르크스에 의하면 우선 상품이 교환되기 위해서는 상품이 유용성으로서 사용가치를 가져야 한다. 마르크스는 이러한 '유용성으로의 환원'을 통해 교환이 가능하게 된다고 말한다. 그런데 하나의 상품에 속하는 여러 사물이 동일한 유용성을 가진다고 말하기 위해서는

---

83) 『기호의 정치경제학 비판』, 142쪽

등가의 논리가 유용성 안에 들어가 있어야 한다. 즉 '모든 재화들은 유용한 가치로써, 동일한 기능적/합리적 공분모에, 동일한 추상적 결정에 맡겨져 있으며.'[84], 따라서 하나의 상품에 속하는 사물들이 서로 대체 가능하고 교환 가능함을 나타내는 것이 유용성으로서 사용가치이다.

이런 의미에서 사용가치의 형성 자체에 교환의 논리가 개입하며, 따라서 사용가치는 교환가치의 효과에 불과하다. 사용가치가 교환가치의 '바깥'에 있는 사물의 궁극적 목적이라는 것은 사용가치가 물건의 핵심에 각인된 일종의 도덕률이라는 것을 의미하며, 칸트적 의미에서 물 자체에 대한 '이념'이라고 볼 수 있다. 그런데 보드리야르는 여기서 '물 자체'와 '이념'이 모두 기표(현상)로서의 교환가치의 효과라고 주장하고 있는 것이다.

보드리야르는 이렇게 사용가치에 관한 마르크스주의의 '신학'을 해체한다. 보드리야르는 사용가치의 '투명성'을 강조하는 마르크스주의의 사상이 부르주아 사유의 신비사상과 형이상학을 극복하지 못한 것이라고 말한다. 말하자면 부르주아 사상과 마르크스주의는 사물의 투명한 현전이라는 근대적인 형이상학을 벗어

---

84) 『기호의 정치경제학 비판』, 144쪽

나지 못하는 것이다. 우리는 교환가치의 불투명한 몽환 속에 있다. 그러나 마르크스주의에 있어 물신주의의 신비에 숨겨진 사용가치는 '미래의 구원이 약속된 건드릴 수 없는 본질'로 언젠가 투명한 현전이 약속된 초월적 시니피에이다. 그런데 이와 같은 '이념'은 보드리야르에 의해 조롱과 멸시 속에서 철저히 비판되어 더는 이전과 같은 사용가치의 신학은 존립할 수 없고 철저하게 파괴된다.

2. 생산의 신학

마르크스주의는 '사용가치의 신학'뿐만 아니라 '생산의 신학'도 가지고 있는바, 마르크스와 엥겔스는『독일 이데올로기』에서 인간의 역사가 '물질생활을 영위하는 인간들에 의한 생산의 역사'라고 말한다. 인간의 본질, 인간을 다른 생명체와 구분 짓게 하는 속성이 노동이자 생산이라고 말하는 것이다. 그뿐만 아니라 역사적 발전은 생산력과 생산관계의 모순을 동력으로 삼으며, 생산력의 '해방'이 인간의 해방과 동일시된다. 이것은

"지금은 힘들어도 궁극적으로는 생산이 너를 구원하리라."라는 생산에 대한 신학적인 사고이다.

이러한 생산중심주의는 마르크스 이래로 자본주의에 대항하는 혁명적 상상계를 구성해 왔다. 이러한 상상계 속에서 인간은 자신을 생산하고 노동하는 존재로 '오인'한다. 보드리야르는 마르크스로부터 들뢰즈와 『텔 켈』(Tel Quel)지에 이르기까지, 혁명이론이 이러한 상상계에서 벗어나지 못했음을 그리고 이것은 하나의 큰 오류였다는 점을 뼈아프게 지적한다.

라캉이 '거울 단계'에서의 상상계 안에서 자아의 형성을 다루듯이, 보드리야르는 '생산의 거울'을 통한 인간의 자기 인식을 비판하는 것이다. 이러한 '생산의 거울'을 통해 인간은 자기 자신에게 하나의 의미와 내용물을 부여해왔다.

> "이 놀랄만한 환각 속에서, 인간은 자기 자신에게 자기 자신의 시니피에가 되고, 가치와 의미의 내용으로서 활동한다."[85]

이러한 생산중심주의가 왜 '환각'인지는 이제부터 논증된다. 정

---

85) 장 보드리야르, 배영달 옮김,『생산의 거울』, 서울:백의, 1994, 10쪽

치경제학을 근원적으로 비판하기 위해서는 욕구와 사용가치의 신학과 형이상학을 비판하는 것만으로는 불충분하고 노동과 생산의 개념 자체를 비판해야 한다. 마르크스에 의하면 노동은 양적인 것으로서 추상적인 노동과 질적인 것으로서의 구체적인 유용노동으로 나뉘는데, 추상적인 노동은 (교환)가치를, 구체적인 노동은 사용가치를 생산한다. 또한, 마르크스는 이른바 '가치'를 낳는 것은 노동력이라는 상품의 '특수한' 사용가치라고 말한다. 그런데 잉여가치를 최대로 낳기 위해서는 노동력을 '최대한으로 사용'해야 하며 이렇게 산출된 가치에서 노동력을 최소한으로(노동력의 가치만큼만) 사용했을 때 얻을 수 있는 가치를 뺀 값이 바로 잉여가치이다. 그런데 이러한 노동력의 '최대/최소의 사용'은 어떻게 존재할 수 있는가? 이것은 이미 질적인 것이 양적인 것의 질서에 포획되어 있다는 것, 즉 질적인 것은 양적인 것의 효과라는 것을 의미한다.

따라서 마르크스주의는 자본주의적 추상화의 질서를 넘어서지 못하는데, 그것은 추상적 노동과 구체적인 노동 사이의 거짓 변증법에 사로잡혀 '노동과 생산에 근거를 둔 양식 외에 다른 사회적 부의 양식을 생각해낼 수 없'[86]다는 데에 기인한 것이다. 보드리야르는 이렇게 질적인 것이 양적인 것의 하위 요소라는 점, 즉 노동력의 사용가치는 교환가치 체계에 대해서 자율적이지 않다는 점에서 "실제로 시니피에와 지시체의 자율적인 존재가 있는 것보다, 생산물의 사용가치가 존재하는 것보다 더 노동력의 사용가치는 존재하지 않는다"[87]라고 말한다. 투명한 사용가치나 투명한 시니피에 혹은 지시체의 '명증성'은 일종의 환상이다. 이것은 교환가치 체계에 의해 생산된 환각에 지나지 않는다.

마찬가지로 마르크스주의에 있어서 인간의 본질적 속성인 노동력이라는 개념의 명증성 또한 정치경제학 체계에 의해 산출된 환각에 지나지 않는다. 정치경제학이라는 담론은 노동력을 인간의 근본적인 본질로 받아들이게 한다. 이와 같이 노동력에 숭고한 의미를 부여함으로써 인간에게 노동을 시키기가 용이해지는 것이다. 이런 점에서 마르크스주의는 자본의 전략에 부합하는데, 왜냐하면 마르크스주의는 노동력의 판매에 의한 노동력의 소외를 비판할 뿐, 노동력을 인간이 스스로 가지고 있을 때는 소외되지 않는다고 말하기 때문이다. 즉 마르크스주의는 "노동에

---

86) 『생산의 거울』, 22쪽
87) 『생산의 거울』, 23쪽

의해 가치를 창조하는 '양도할 수 없는' 힘의 범위 안에서 소외될 수 있을 것이라는 근본적인 가정을 준엄하게 비판한다."[88]

이와 같은 노동의 숭고함과 신성함은 마르크스주의 저작에서 반복된다. 마르크스에 의하면 노동은 인간의 자기 객관화이며, 노동을 통해서만 인간은 주어진 조건을 초월할 수 있고, 노동만이 '세계를 객관적으로, 인간을 역사적으로 확립'[89]한다. 이런 의미에서 노동이 경제적 개념이 아니며, 존재론적 개념이라는 마르쿠제의 주장은 마르크스의 주장을 잘 이해한 것이라고 볼 수 있다.

이렇게 노동만이 인간을 구원한다는 관점에서는 인간은 노동의 받아들이기 힘든 부분을 받아들여야 하며, 이런 의미에서 마르크스주의는 금욕적인 학문이 된다. 노동으로 인한 어떤 고통도 감내해야 하는 것이다. 이것은 '순수한 기독교적인 윤리학'[90]이라고 보드리야르는 조소한다.

이것은 마르크스주의자들이 '속류 유물론'이라고 부르는 것이든, '변증법적 유물론'이라고 부르는 것이든 똑같다. 노동과 생산의 사명에 대한 논의는 양자에서 모두 중요하게 다루어진다. 물

---

88) 『생산의 거울』, 25쪽

89) 『생산의 거울』, 29쪽

90) 『생산의 거울』, 29쪽

론 '변증법적 유물론'은 노동과 놀이의 변증법적 대립을 통해 노동이 놀이가 되어 노동이 소외되지 않는 궁극적인 균형지점에 도달하기를 바란다.

> *"놀이의 이 영역은 실제로 인간의 합리성의 실현으로서, 즉 자연에 대한 인간의 끊임없는 객관화 활동의 변증법적인 완성과, 자연과의 교환을 통제하는 변증법적인 완성으로 정의 된다. 놀이는 생산력의 완전한 발전이 확실하다고 가정한다."*[91]

그러나 이러한 궁극적인 '피안'의 세계로 나아가기 위해서는 지금은 힘든 노동을 해야 한다는 것이 마르크스주의자들의 궤변인 것이다.

이와 같이 마르크스주의 정치경제학의 노동의 개념은 그 자체가 억압적이며 비판의 대상이 되어야 한다. 이러한 노동을 중시하는 (마르크스주의) 정치경제학에 대하여 바타유는 '지출, 허비, 희생, 낭비, 놀이'[92]에 의해 작동되는 희생적 경제 혹은 상징적 교환이라는 것을 제시한다. 조르주 바타유는 희생적 경제에 대

---

91) 『생산의 거울』, 33쪽
92) 『생산의 거울』, 36쪽

한 정교한 이론을 발전시켰다. 그리고 마르셀 모스도 『증여론』을 통해 보드리야르가 말하는 '상징적 교환'이 어떻게 작동하는지에 대해 탐구했다. 잠시 우회하여 바타유와 모스의 이론에 대해서 알아보도록 하자.

3. 우회: 바타유와 모스

바타유에 의하면 인간에게는 누구나 의식에 달라붙어 있지만 명료한 의식에 의해서 파악되지 않는, '내밀성'이 존재한다. 바타유는 또한 명료한 의식에 의해 대상화(객관화)할 수 있는 것을 '사물'이라고 부른다. 이런 의미에서 '내밀성'과 '사물의 질서'는 서로 대립한다. 이해를 돕기 위해 예를 들면, 노동자조차도 그가 노동하는 한에 있어서 일종의 '사물'인데, 왜냐하면 노동은 객관화의 질서에 포획되어 있기 때문이다.

바타유에 의하면 '신성'은 본래 현실적인 사물의 질서에 반대된다는 점에서 불온한 것이었으나, 제국의 도래와 함께 현실적 질서의 수호신으로 전환됨에 따라, 즉 암흑의 신성에서 빛의 신성으로 이행함에 따라 "이성화되고 도덕화된다."[93]

　이렇게 신성이 이성화되고 도덕화되기 이전의 제사는 '유용성의 세계에서 제물을 건져내어 알 수 없는 변덕의 세계로 옮겨 놓는'[94], 즉 '유용성의 질서=사물의 질서'를 파괴하는 행위였다. 제사는 동물을 노동이라는 유용성에의 종속에서 벗어나 '내밀한 세계로 옮겨가도록' 만든다. 유용한 것이 아닌 사치품은 제사 지낼 수 없는데, 왜냐하면 사치품은 이미 그 '사물성'이 파괴된 물건이며 따라서 사치품을 제사 지낸다는 것은 같은 대상을 두 번 희생하는 것이기 때문이다. 어쨌든 희생제의를 통해 '인간과 세계, 주체와 대상 간의 … 내밀성의 회복'이 진행된다.[95]

　또한, 이러한 유용성의 파괴는 장기계획에 근거한 현실적인 세계 속에, 즉 지속을 전제로 하는 세계 속에 '순간'을 도입하는 것이고, '무조건적 소모의 폭력'[96]으로 옮겨가는 것이다. 말하자면 노동과 생산의 세계로부터 일탈하는 것으로서 "그런 의미에서

---

93) 조르주 바타유, 조한경,『어떻게 인간적 상황을 벗어날 것인가』, 서울:문예출판사, 1999, 88쪽
94) 『어떻게 인간적 상황을 벗어날 것인가』, 55쪽
95) 『어떻게 인간적 상황을 벗어날 것인가』, 56쪽
96) 『어떻게 인간적 상황을 벗어날 것인가』, 63쪽

제사는 버림이고, 줌인 것이다."[97] 축제는 이러한 '무조건적 소모'를 더 밀고 나간다.

"축제는 끊임없이 둑을 무너뜨리려고 위협하며, 소모가 갖는 순수광채의 전염적 충동을 생산활동에 대립시킨다. … 축제는 사물의 대립으로서의 불길이며, 그래서 축제는 열과 빛을 분산시키면서 번지고, 불을 붙이며, 축제의 불길에 휩싸인 사물은 다시 불길이 되어 다른 것을 불붙이고, 앞뒤 없이 타오른다."[98]

이렇게 축제 속에서의 파괴와 소모 열망의 폭발은 인간으로 하여금 인간성조차 소모하게 하며, 인간을 동물로, 동물적인 내밀성으로 되돌린다. 이러한 파괴충동(죽음 충동)에 대하여 인간의 자기–보존의 욕망은 축제를 다스리고 제한하려고 한다. 말하자면 내밀성의 파괴충동을 사물 세계의 질서로서 순치시키려고 하는 것이다.

진정한 의미의 축제 속에서 명료한 의식은 사라지고 불분명한

---

97) 『어떻게 인간적 상황을 벗어날 것인가』, 63쪽
98) 『어떻게 인간적 상황을 벗어날 것인가』, 67쪽

내밀성이 전면에 나서게 된다. 그러나 명료한 의식은 이러한 내밀성을 쫓아내려고 하며, 따라서 명료한 의식의 질서는 진정한 의미에서의 축제를 불가능하게 한다. 이것은 본래적 의미의 '신성'이 출몰하지 못하게 막는 것이다.

그런데 제국의 등장과 함께 '신성'이 암흑의 신성에서 빛의 신성으로 바뀜에 따라 모든 것이 달라진다. 이러한 합리적이고 도덕적인 신의 등장과 함께 신성의 질서는 '통일성이 깨지지 않는 지적 세계'[99]를 의미하게 된다. 이에 따라 신의 초월성은 감각 세계로부터의 '비상구'가 된다. 이렇게 명료한 의식성의 신의 등장과 함께 인간도 의식의 명료성을 지향하게 되며, 이러한 명료한 의식성의 인간은 '내밀한 인간'일 수 없으며 의식의 정확한 작동에 의해 이러한 인간은 하나의 '사물'이 된다.

따라서 이렇게 신이 합리화되고 도덕화되면, 사회의 절대적 지배권은 이제 '사물의 질서'로 옮겨가게 된다. 그러나 내밀성은 사물의 질서에 궁극적으로는 복종하지 않는다. 엄격한 도덕에도 불구하고, 유용한 사물은 "건축, 제의, 명상적 나태의 사치스런 파괴에 바쳐진다."[100]

---

99) 『어떻게 인간적 상황을 벗어날 것인가』, 89쪽
100) 『어떻게 인간적 상황을 벗어날 것인가』, 104쪽

합리성과 도덕성의 질서는 곧 생산성의 질서를 의미한다. 그것은 '순간'이 아닌 장기적인 계획의 지배를 의미하며 이러한 장기적인 계획의 수행에는 생산적인 '노동'이 필요하게 된다. 내밀성과 노동은 서로 대립하며 노동은 인간을 사물화하고 그러므로 인간은 노동질서에서 건져내어야 한다. 그런데 이러한 노동으로부터의 탈주는 단순히 노동가치를 부정한다고 되는 문제가 아니다. 보드리야르의 말대로 희생적 경제 혹은 상징적 교환의 회복이 필요하다.

보드리야르는 바타유의 이런 사상에 많은 영감을 받았다. 보드리야르에게서도 바타유와 마찬가지로 노동의 질서와 상징적 교환, 혹은 희생적 경제는 서로 대립한다. 상징적 교환의 관점에서 보면 '사용가치=유용성'조차도 '사물의 질서'에 속하는 것이기 때문에 노동의 질서를 극복한다는 것은 사용가치와 교환가치의 잘못된 변증법을 넘어서는 것이다. 진정한 분리선은 사용가치와 교환가치 사이가 아니라 노동과 희생적 경제 사이에 그어져야 하는 것이다. 한편 보드리야르 이 상징적 교환의 이론은 마르셀 모스에게도 많은 영향을 받았다. 모스의 『증여론』을 개괄해보자.

모스는 『증여론』에서 '선물 교환'이라는 말을 쓰고 있는데, 왜냐하면 원시사회에서 선물의 증여와 답례가 이루어질 때 두 사람 모두 자발적으로 증여하는 것처럼 보이지만, 사실상 엄격한 도덕

원칙이 작용하여 증여, 수증, 답례를 의무화하므로 두 증여는 서로 강력하게 연관된 행위이기 때문이다. 그럼에도 원시사회에서의 선물교환은 현대 사회에서의 상품교환과는 완전히 다른 행위인데, 왜냐하면 상품교환에 있어서 판매자와 구매자는 서로의 이익을 늘리고자 서로 분리된 상태에서 관계를 맺지만, 선물교환에서는 집단과 집단, 개인과 개인 사이에 분리 불가능한 연관성이 형성되기 때문이다.

이러한 분리 불가능한 연관성은 물건에 내재해 있다고 믿어지는 영으로서의 '하우'에 의해 성취된다. 이러한 '하우'는 그것을 소지하는 자를 쫓아다니고 원래의 소유자에게 돌아가려고 하는데, 원래의 소유자로 하우가 돌아가지 못하면 질병 등의 안 좋은 일이 생길 수 있고, 오직 다른 선물로 답례함으로써만 이러한 안 좋은 일을 막을 수 있다. 이것이 의미하는 바는 '어떤 사람에게 어떤 물건을 주는 것은 자신의 일부를 주는 것'[101]이고, 이를 통해 뒤섞임으로서의 연관성, 즉 '영혼의 소통'으로서의 뒤얽힘이 성취된다. 말하자면 인간들의 생명들이 서로 섞이는 것이다. 상품교환에는 이러한 '영혼의 교통'이나 뒤얽힘이 형성되지 않는

---

101) 마르셀 모스, 이상률,『증여론』, 파주:한길사, 2016, 71쪽

다. 반면에 선물교환에서 "모든 것은 서로 관련이 있으며 혼동된다."[102]

"교환되는 물건은 교환을 행하는 자와 결코 완전히 분리되지 않는다. 교환물에 따라 확립되는 영적 교류와 제휴관계는 비교적 확고하다."[103]

다시 말해서 원시사회에서 선물교환을 통한 재화의 순환은 사람의 순환을 의미한다. 이와 같이 사람과 다른 사람, 사물과 사람 사이의 분리 불가능성을 발생시키는 선물교환은 상품교환이 지배적인 사회에서도 잔존해 있으며, 따라서 선물교환의 "이 도덕은 영원한 것이다."[104]

이와 같이 상징적 교환은 근본적으로 '증여'와 '파괴', '지출', '축제'에 기반하고, 사람들 사이의 분리할 수 없는 관계를 만들어낸다. 보드리야르는 모스의 '하우' 개념을 마술적이라고 비난하는데,

---

102) 『증여론』, 191쪽
103) 『증여론』, 129쪽
104) 『증여론』, 258쪽

사실 이러한 '하우'는 인간들 사이의 분리 불가능한 연관성의 상징으로 보아야 한다. 원시사회에서의 이러한 상징적 교환을 통해 모든 것이 뒤섞이고 분리 불가능하게 된다. 이런 의미에서 모스가 '교환을 교환에 앞서 따로따로 존재하는 떨어진 두 당사자 사이의 행위'[105]로 이해했다는 것은 보드리야르의 오독이다.

어쨌든 상징적 교환에서는 증여자와 수증자, 그리고 선물 사이에 분리할 수 없는 관계가 만들어진다. 그리고 보드리야르가 '선물에 의해 … 예증되는 상징적 교환에서, 물건은 객체가 아니라고'[106] 말할 때, 물건은 사실상 증여자의 영혼의 일부로써 '하우'를 가지고 있다고 말해야 한다. 또한, 말하는 주체와 구성요소 각각이 언어 속에서는 서로 분리되고 분절되지만, 상징적 교환의 구성 요소들은 서로 분리될 수 없으며, 따라서 상징적 교환은 구조주의적인 체계화가 불가능하다. 따라서 후기 자본주의 사회에서 상품은 '기호'로 분절되어 체계화될 수 있으므로 자본주의와 상징적 교환 사이에는 대립이 성립한다.

---

105) 『기호의 정치경제학 비판』, 67쪽
106) 『기호의 정치경제학 비판』, 59쪽

4. 마르크스주의, 자연, 원시사회

그런데 마르크스주의는 이러한 상징적 교환을 억압하고 은폐한다. 앞에서 보았듯이 상징적 교환에서는 어떤 것도 분리되지 않으며 인간과 사물/자연의 분리 또한 존재하지 않는다. 그런데 마르크스주의에서는 주체와 대상을 분리한 뒤, 그것을 변증법의 마술에 의해 다시 결합하려고 한다. 마르크스는 "원시인처럼, 문명인은 자기 필요를 충족시키기 위해, 자기 생명을 보존하고 번식시키기 위해, 자연과 싸우지 않을 수 없다."라고 말하고 있는데 사실 원시인은 어떤 경우에도 자연과 싸우지 않으며, 자연과 싸우는 것은 주체와 대상의 분리가 이루어진 사회에서나 가능한 것이다. 원시인은 객관적 필연성으로서의 자연이라는 개념을 모르고 있다.

사실 객관적 필연성을 이렇게 '악'으로 보는 것은 자유와 총체성으로서의 '좋은 자연'과 객관적 필연성으로서의 '나쁜 자연'을 나누는 계몽주의 도덕철학에서 온 것으로, 보드리야르는 마르크스가 이들의 사유 수준을 근본적으로 넘어서지 못했다고 본다. 이러한 '좋은 자연'과 '나쁜 자연'의 대립은 결국 인간과 자연의 대립을 의미하는 것이고, "이것은 … 자연에 일치하는 인간의 개념의 진정한 '소외'이다."[107]

이러한 인간과 자연의 분리는 노동을 인간이 세계에 대해 부정하는 힘으로 보는 철학에 의해서 강화된다. 객관적 필연성으로서의 자연은 인간의 노동에 의해 지배되어야 한다는 것이 마르크스의 생각이다. 이와 같이 생산중심주의는 인간과 자연 사이의 상징적 교환을 불가능하게 하고 인간을 주체로서, 자연을 대상으로서 분리한다.

이렇게 인간과 자연을 근본적으로 분리되고 변증법에 의해 마주치게 되는 것으로 여기는 사고방식은 제아무리 '과학'을 표방한다고 하더라도 사실은 기독교적인 사고방식을 크게 벗어난 것이 아니다. 기독교에 의하면 신이 인간을 그 형상대로 창조했고, 자연을 인간의 사용을 위해 창조했다. 인간은 자연과 본래부터 구별되는 것이다. 이런 의미에서 기독교는 인간 중심적인 종교라고 볼 수 있다.

'인간의 자연적이고 객관적인 필연성에 대한 승리'라는 궁극적인 목적성은 사실 인간의 자연초월이라는 기독교의 교리를 그대로 수용한 것이라고 볼 수 있다. 이러한 인간과 자연의 분리는 금욕주의

---

107) 『생산의 거울』, 52쪽

를 낳게 된다. 종교적인 금욕에서 세속적인 금욕으로 바뀌었을 뿐 기독교적인 금욕주의는 노동의 금욕주의로 이어지는 것이다. 즉 18세기의 도덕철학은 그리고 이러한 도덕철학에서 크게 벗어나지 못한 마르크스는 "분리와 승화와 억압과 조작적 폭력의 원칙 속에서 아무것도 변화시키지 못했다."[108]

원시적 질서는 자연과도 상징적 교환의 관계를 맺기 때문에 이러한 분리에 기반한 억압이나 금욕주의가 없고 따라서 원시사회에는 무의식이 존재하지 않는다. 따라서 원시 사회에는 오이디푸스 콤플렉스도, 이른바 '거세'도 존재하지 않으며, 냉혹한 필연성이나 법칙도 존재하지 않는다. 다만 상호성과 상징적 교환에 의한 모든 것의 뒤얽힘과 뒤섞임만이 있을 뿐이다. 그러므로 마르크스와 프로이트의 이론은 모두 원시사회를 설명하기에 부적절하다.

결국, 마르크스주의는 자연의 객관적인 법칙적 필연성에 대한 의식적인 지배에 근거를 둔 사상인데, 이러한 인간과 자연의 분리는 마르크스주의가 근대적 인간중심주의로부터 한 치도 벗어나지 못했음을 보여준다.

---

108) 『생산의 거울』, 58쪽

그런데 마르크스주의는 또한 생산력, 생산관계, 하부구조, 상부구조 등의 개념 틀을 역사가 없는 사회들, 즉 원시사회들에 마구 투영해서 이상한 결과를 만들어낸다. 보드리야르가 분석하는 고들리에의 「자본주의 이전 사회들에 관하여」와 「경제인류학」은 코미디이다. 보드리야르는 고들리에의 말도 안 되는 주장을 비웃고 있다. 보드리야르와 함께 이 코미디를 즐겨보자.

고들리에는 말한다. "어떤 은밀한 연금술에 의해 경제가 친족관계가 될 수 있는지를 혹은 어떤 알 수 없는 이유로 말미암아 경제가 친족관계 아래 서투르게 숨겨져 있었는지를 파악하기는 힘들다."[109] 이것은 '경제'라는 심급이 반드시 존재해야 한다는 강박관념에서 탄생한 희극이다. '연금술'은 없고 경제는 친족관계가 아니며, 친족관계 아래에는 아무것도 숨겨져 있지 않다.

고들리에는 다시 다음과 같이 말한다. "친족 관계들은 하부구조의 요소들과 동시에 상부구조로서 작용한다."[110] 말하자면 친족 관계들은 상부구조도 하부구조도 아니며, 마르크스주의적인 도식의 틀을 따르지 않는다. 여기서 마르크스주의적 도식의 틀을 유지하려는 경건한 의지가 느껴진다.

---

109) 『생산의 거울』, 67쪽
110) 『생산의 거울』, 67쪽

이것은 이론을 재생산하기 위해 이론의 도식에 대상을 끼워 맞추는 잘못된 과학이다. 이러한 잘못된 과학은 최종심급의 결정적 요소로서의 경제와 지배적 요소를 구분해야 한다는 주장에 이를 때 "완전한 궤변에 도달한다."[111]

결국, 고들리에는 대상을 기능들로 분류하고, 여러 기능 중의 한 기능(경제)을 특권적인 것으로 만들기 위해 구분된 기능들의 상상적 인류학을 대상에 투영하는 것이다. 보드리야르는 우리가 고들리에의 코미디를 반복하지 않기 위해서는 마르크스주의를 버려야 하며, 경제를 분리된 심급으로 보지 않아야 하고, 이 비분리로부터 모든 것을 재검토해야 한다고 말한다.

그뿐만 아니라 고들리에는 원시사회가 잉여를 생산하지 않고 축적하지 않는다는 데에 놀란다. 그에게는 "이 비성장, 즉 이 비생산적 욕망을 구상하는 것은 있을 수 없는 일이다."[112] 이러한 잉여 생산물의 존재를 당연시하는 것은 서구적 편견에 불과하고, 마르크스주의는 이러한 서구적 편견에서 벗어나지 못한다. 고들리에는 이들이 '필요를 위해서만' 노동하고 생산한다고 주장함으로써 이러한 당혹감에서 벗어나려고 하지만, 원시인들은 자

---

111) 『생산의 거울』, 68쪽
112) 『생산의 거울』, 71쪽

신들의 필요와 상관없이 축제 때 그들의 물건들을 낭비한다. 결국, 마르크스주의 인류학은 원시 사회의 교환을 설명하지 못하는 것이다.

앞에서 말했듯이 원시 사회에서는 생존조차도 상징적 교환의 '나머지'이다. 이러한 상징적 교환은 잉여를 배제하며, 상징적 교환의 순환에서 교환재의 양은 엄격하게 제한된다. 또한, 상징적 교환은 반생산적이고 파괴적이기까지 하며 이러한 교환 속에서 사람들은 뒤얽히고 뒤섞여서 연속적인 관계를 이루고 있다. 이것은 무한한 생산과 판매자와 구매자의 분리에 의해 작동하는 자본주의와는 상반되는 것이다.

이렇게 생산과는 정반대의 원리에 의해 작동하는 원시사회에 생산의 원리를 투영하는 것은 학문적인 제국주의이고, '생산의 세례'[113]이자 '노동과 가치의 세례'이다. 여기서 '세례'라는 말은 마르크스주의의 노동과 생산에 대한 종교적인 신앙이 기독교로부터 비롯되었음을 인지할 때 매우 적절한 말임을 알 수 있다.

---

113) 『생산의 거울』, 76쪽

5. 마르크스주의와 고대/중세 사회

　　　　　　우리의 상식 속에서 근대적 의미의 노동자는 고대와 중세 시대의 노예보다 자유롭고 '해방되어' 있다. 그런데 보드리야르는 이러한 상식을 뒤엎는 도발적인 주장을 한다. 보드리야르에 의하면 고대와 중세에서 주인과 노예는 상징적 교환 관계 속에서 서로 분리되지 않았던 반면에 자본주의에서 자본가와 노동자는 서로 냉정하게 분리된 존재이다. 따라서 주인과 노예의 상징적 교환의 관계 속에서 주인은 엄격한 의무와 '영혼의 뒤얽힘'에 의해 노예의 노동력을 마음대로 사용할 수 없으나, 차가운 계산이 지배하는 노동력 상품 교환의 분리된 계약관계에서는 이윤을 많이 남기기 위해 노동력을 있는 마음대로 착취한다. 보드리야르는 노예가 자본주의적 시장거래에 포섭될 때, 그때에야 비로소 노예 노동력의 무한한 사용이 가능했다고 말한다.

　말하자면 '지배'에서 '착취'로의 이행은 진정한 의미에서의 역사적 진보라고 보기 어렵다는 놀라운 주장을 보드리야르는 하고 있는 것이다. 왜냐하면 '지배'에서의 상징적 교환에 있어서 '답례의 의무'는 강력한 것이기 때문이다.

　마르크스주의의 담론 속에서 '장인'의 지위는 노동력의 소유, '생산수단'의 소유, 그리고 자기 자신에 의한 노동과정의 통제에 의해 정의된다. 그러나 보드리야르는 장인의 '작업'과 '노동'은 근본적으로 다른 것이며, '작업'에서는 노동력과 생산물 사이, 즉 주체와 대상 사이의 분리가 존재하지 않는다고 말한다. 주체와 대상 사이에는 시간과 정성, 노력 등의 '투자'와 이에 대응하는 가치를 '회수'하는 관계가 아닌, 이와는 반대되는 '상징적 교환'의 관계가 성립한다. 보드리야르는 다음과 같이 쓰고 있다.

"장인은 … 상징적 교환의 관계 속에서 자신의 작업을 체현한다. 그가 작업하는 재료의 어떤 것은 그가 하는 것에 대한 끊임없는 반응이며, 또한, … 모든 생산적 궁극성에서 벗어난다. 어떤 것은 가치의 법칙에서 벗어나며 일종의 상호적 낭비를 증언한다. 그의 작업 속에서, 그가 부여하는 것은 상실되고 수어지고 반환되거나, 혹은 소비되고 분해되고 폐기되지만, '투자'되지는 않는다."[114]

그리고 이러한 상징적 교환의 과정에서 장인과 작업물은 서로 분리되지 않으며, 이것은 장인의 작품이 장인의 영혼의 일부인 독

---

114) 『생산의 거울』, 94쪽

특한 '아우라'를 가질 수 있다는 점에서 기술복제 시대 이후의 자본주의적인 산업생산과 '작업'은 구분된다. 또한, 장인의 '작업'은 작업물을 파괴하기도 하는 작업이라는 점에서 바타유가 말한 '소모'의 과정이기도 하다.

마르크스주의에 의해 왜곡된 관념으로서의 '장인'은 '자신의 노동력과 생산과정의 주인'으로써 자본주의를 극복한 이후의 노동이 되찾아야 할 모습으로 그려지기도 한다. 이러한 사상의 영향으로 노동운동은 노동과정의 재소유를 궁극적인 목적으로 제시한다. 보드리야르는 다음과 같이 쓰고 있다.

> "보수에 관한 순수한 요구를 다소 넘어서는 모든 노동자들의 요구는, 이런 점에서 생산물의 재소유가 아니라 노동과정의 재소유를 목표로 삼는다. … 항상 '노동체계의 주체'가 다시 되는 것이 문제이다."(『생산의 거울』, p. 100)

그러나 보드리야르는 이렇게 '자기 노동을 통제하는 개인'으로서의, 마르크스주의의 역사유물론에서의 '장인'은 근본적으로 자기-자신에 예속되는 존재일 뿐이라고 말한다. 이러한 '장인'의 관념은 수공업적 양식 속에 있는 상징적인 것들을 모두 제거한 후에 얻어진 왜곡된 개념이며, '자율관리'하는 존재로, 오히려 자본주의적인 생산제일주의 사회의 표현에 불과하다. 이런 의미에서 자본주의를 수공업적 체계로 대체하려는 마르크스주의 등의 시도는 '수공업적 양식 속에 있는 상징적인 것에 의거하지 않고, 생산자의 지배력과 자율성에 의거함'[115]으로 인해 오히려 개인을 더욱 예속시키는 방향으로 나아가는 것이다. 말하자면 노동에 의한 상징적인 것의 억압으로 나아간다는 말이다.

6. 결론: 이론적, 실천적 오류로서의 마르크스주의

그렇다면 마르크스주의는 현대 자본주의 사회는 잘 설명하는가? 마르크스는 『철학의 빈곤』에서 교환가치 체계의 세 단계를 구별한다.

첫 번째 단계에서는 잉여 생산물만이 상품으로서 교환되고, 많은 다른 사물은 상품이 아니다. 두 번째 단계에서는 모든 물질

---

115) 『생산의 거울』, 99쪽

적 부가 상품의 형식을 띠게 된다. 마지막 세 번째 단계에서는 정신적 미덕이나 사랑까지도 상품의 형식을 띠게 된다.

보드리야르는 마르크스의 세 번째 단계가 두 번째 단계를 정신적 영역으로 확장해 놓은 것에 불과하다고 비판하는데, 오늘날 실제로 마르크스주의 학자들은 정보, 미디어 등을 자본, 상품, 착취, 이윤, 계급 등의 용어로 비판하고 있다.

그런데 보드리야르에 의하면 오늘날 실현되고 있는 세 번째 단계는 상품의 형식에서 기호의 형식으로의 지배형식의 전환이다. 이것은 『소비의 사회』에서 상품이 이미 '기호'로 기능하고 있다는 진단에서 예고된 것이다. 따라서 오늘날 우리가 읽어야 할 것은 가치의 상형문자가 아니라 기호를 규정하고 지배하는 코드의 상형문자이다. 이러한 코드의 상형문자는 가치의 상형문자보다 훨씬 읽기가 어렵다. 그렇기 때문에 '기호의 정치경제학 비판'이 필요하다.

보드리야르는 심지어 우리가 자본주의적 '생산양식'에 있다고 말하기조차 어려우며 기호들의 놀이가 점점 더 많은 부를 산출하고 점점 더 물질적 생산에 의한 부의 산출은 줄어들고 있다고 말한다. 그리고 더 나아가 이러한 기호들의 놀이는 시니피앙의 연쇄와 순환 속에서 시니피에와 지시대상을 사라지게 한다. 이른바 기호의 '사용가치', 즉 기호가 의미나 대상을 가리키는 기능은 사라지고, 기호의 교환가치, 즉 다른 기호들만을 가리키는 기능만 남게 된다. 이에 의해 악순환으로 '실재 세계'는 사라지고 시뮬라시옹의 시대가 시작되는 것이다. 이런 상황에서 '생산력의 해방'과 '물신성에 의해 사라진 사용가치의 회복'만을 외치고 있는 마르크스주의는 혁명에 도움이 되지 않으며, 자본주의를 극복하는 데 도움을 주지 않는다. 우리는 '기호의 정치경제학 비판'으로 나아가야 한다.

보드리야르는 이러한 기호 코드가 지배하는 시대를 넘어설 두 가지 방법을 제시하고 있다. 하나는 시뮬라시옹 자체의 격화를 통한 '내파'이고, 다른 하나는 기호체계로서의 자본주의 '외부'에 존재하는 '상징적인 것' 또는 '상징적 교환'이다. 특히 『기호의 정치경제학 비판』에서는 후자가 강조된다. 보드리야르에 의하면 오늘날의 물신숭배는 사물의 주술적이고 초월적인 힘에 대한 숭배가 아니라 다른 것과 분리되지 않게 섞여 있는 상징적인 것을 분리 가능한 기호로 환원하고, 이러한 기호들의 '차이의 체계'를 숭배하는 데에 있다고 말한다.

"물건에 대한 현행의 물신숭배는 실체와 역사가 없어지고 차이의 표지 목록으로 환원되며 차이들의 체계 그 자체로 요약

되는 물건—기호에 결부된다."[116]

　이러한 '차이의 체계' 속에서 억압되고 은폐된 상징적인 것, 혹은 상징적인 교환은 '기호의 저편'에 있는 존재로서, 명확한 분리에 의해 강력한 명증성과 '가치'를 지닌 기호에 반대되는 것이며 따라서 불명료한 것이자 가치에 포섭되지 않는 존재이다. 이러한 특성 때문에 기호체계는 상징적인 것을 억압하려고 하는 것이다. 그러므로 '기호와 가치를 희생시켜' 상징적인 것을 수면 위에 떠오르게 해야 한다. 이러한 상징적인 것, 상징적 교환의 득세 속에서 자본주의적인 기호체계는 파괴된다.

　이렇게 보드리야르에 의해 마르크스주의는 원시, 고대, 중세 사회뿐만 아니라 현대 자본주의 사회조차 제대로 설명할 수 없는 이론임이 밝혀진다. 그뿐만 아니라 마르크스주의가 제시하는 자본주의를 파괴하는 방법은 잘못된 방안이다. 더는 물질적 생산력의 해방과 사용가치의 회복을 외치는 것은 올바른 길이 아니다. 즉 마르크스주의는 혁명에 있어서 이론적, 실천적 오류일 뿐이다. 따라서 타자와 자기 자신을 '오인'하게 하는 마르크스주

116) 『기호의 정치경제학 비판』, 95쪽

의의 생산 거울을 깨고 상징적 교환과 상징적인 것을 회복해야
한다.

참고 문헌

장 보드리야르, 이규현 옮김, 『기호의 정치경제학 비판』, 서울: 문학과
지성사, 2007

장 보드리야르, 배영달 옮김, 『생산의 거울』, 서울: 백의, 1994

조르주 바타유, 조한경, 『어떻게 인간적 상황을 벗어날 것인가』, 서울: 문
예출판사, 1999

마르셀 모스, 이상률, 『증여론』, 파주: 한길사, 2016

Ⅲ. 시뮬라시옹과
기술문명

0. 서론: 선행연구 검토

한국에서 『시뮬라시옹』으로 번역된 장 보드리야르(Jean Baudrillard)의 『Simulacres et Simulation』은 분명히 허무주의적 저작이다. 여기서 참과 거짓의 이원론뿐만 아니라 지금까지 서구에 있어서 의미와 가치의 토대가 되어왔던 모든 이원론은 붕괴된다. 즉 정치에 있어서 좌파와 우파, 담화에 있어서 발화자와 수화자, 과학에 있어서 원인과 결과, 전통 형이상학에 있어서 주체와 대상, 수동과 능동의 이원론이 붕괴되며 세계는 행위나 사건의 의미나 효과를 결정지을 수 없는 비결정론적 세계로 나아간다. 그뿐만 아니라 기술 문명에 의해 인간 정신의 초월성으로서의 문화 자체가 파괴되며 인간적인, 너무나 인간적인 도덕이나 합목적성에 기반한 비평의 세계가 사라진다. 이러한 허무주의적인 분석은 그러나 너무나 설득력이 있으며, 우리의 시대를 잘 설명하고 있다. 그렇기에 사람들은 이 허무주의를 극복하기 위해서라도 이 책을 잘 이해할 필요가 있다.

보드리야르의 이 철저한 허무주의를 이해하지 못할 때 배영달과 같이 "무엇보다도 사라진 현실, 실재를 되찾는 것이 관건이다."[117]라고 말하게 되는데 보드리야르는『시뮬라시옹』에서 실재의 인위적인 주입이 권력의 전략이며, 가상 뒤에 감추어진 실재를 되찾으려는 마르크스주의의 노력이 '신학'과 같은 것이고, 권력의 전략에 복무하는 것이라고 말하고 있다.

스티븐 베스트(Steven Best)와 더글라스 켈너(Douglas Kellner)는 이러한 보드리야르의 시뮬라시옹 이론이 '지나치게 추상적'이라고 비판하며 "보드리야르의 기호 세계에서는 인간의 고통은 없어지고, 물질적 토대로부터 추상된 기호의 스펙타클만이 추상적으로 서술될 뿐."[118]이라고 말한다. 그런데 중기 이후 보드리야르의 일관된 입장은 더 이상 마르크스주의가 말하는 '물적

---

117) 배영달,『보드리야르와 시뮬라시옹』, 살림, 2005, 120쪽
118) 스티븐 베스트, 더글러스 켈너, 정일준 옮김,『탈현대의 사회이론』, 현대미학사, 1995, 181쪽

토대'가 존재하지 않으며, 이제는 금융적 추상이 지배하는 상태이며, 인간의 고통이 반드시 구체적인 물적 토대에서만 오지 않고 금융이라는 추상으로부터 유래할 수 있다는 점을 볼 때 보드리야르가 '인간의 고통'을 무시했다고 볼 수는 없다. 스티븐 베스트와 더글라스 켈너는 다음과 같이 보드리야르를 잘못 비판하고 있다.

"잘못된 추상은 그의 여행담인 『아메리카』에서도 동일하게 나타난다. 보드리야르는 미국의 사막을 질주하면서 단지 표류하는 기호만을 보고 있다. … 그는 집 없는 사람들, 가난한 사람들, 인종차별과 성차별, 에이즈로 죽어 가는 사람들, 억압받는 이주민을 보지 못하며…"[119]

그러나 보드리야르는 실제로 『아메리카』에서 다음과 같이 미국 사회에 대해 쓰고 있다.

"레이건은 결코 빈민의 존재는 짐작도 못 했고 가벼운 접촉

---

119) 『탈현대의 사회이론』, 현대미학사, 1995, 181쪽

조차 갖지 않았다. … 박탈당한 자들은 망각, 유기, 순수하고 간단한 소멸에 바쳐질 것이다. … 공민권이 박탈된, 발언권을 잃은 망각될 운명에 처한 그들, 추방되어 이류의 숙명 속에 죽음을 맞게 될 그들.”[120]

그뿐만 아니라 보드리야르의 시뮬라시옹 이론의 추상성은 구체적인 범주들의 대립관계를 '지양'하고 더 높은 수준에서 사회를 바라보려는 태도가 반영된 것으로서, 이론가로서 정당한 욕망을 표현했다고 보인다.

반면에 김상환은 마찬가지로 『시뮬라시옹』 등에서의 “보드리야르의 존재론적 직관은 추상성을 면치 못하고 있다.”[121]라고 말하지만, 거기에는 구체적인 논거가 있다. 김상환은 보드리야르가 '테크놀로지의 지배력 아래에서 사물이 지닌 의미'[122]를 묻는 데에서 논의를 시작했음에도 불구하고 허무주의적 일반화의 과정에서 사물의 현상학적 의미가 사물이 기술 매체에 의해 맥락으

120) 장 보드리야르, 주은우 옮김, 『아메리카』, (주) 웅진씽크빅, 2009, 203~204쪽

121) 김상환, 『해체론 시대의 철학』, 문학과 지성사, 1996, 442쪽

122) 『해체론 시대의 철학』, 443쪽

로부터 탈영토화(추상화)되기 이전의 구체적인 공간성에 기초한다는 것을 망각했으며, 따라서 기술 매체에 의해 추상화된 것과 그 이전의 구체적인 현상학적 의미가 구별된다고 보드리야르에게 일갈한다. 그런데 이러한 주장은 다음과 같은 난점들에 봉착한다. 그것은 1) 사물이 지닌 의미 또는 무의미는 언어, 문자, 담론, 기호체계, 이미지, 대중매체, SNS, 테크놀로지 이전에 존재하는 것이 아니며, 2) '구체적인 공간성' 자체가 이미 이와 같은 기호적, 기술적 장치들에 의해 생산된 것이라는 점이다. 예를 들어 '서울'이나 '강남'의 '공간성'은 담론과 기호체계, 기술매체적 이미지, 교통망에 의해 구성된 것이다.

말하자면 테크놀로지와 기호들의 네트워크 바깥에 소박한 구체적인 사물과 구체적인 공간성이 존재한다는 생각 자체가 사실은 루소적인, 너무나 루소적인 꿈에 불과하다. (어쩌면 하이데거적인?)

또한, 김상환은 보드리야르가 말하는 매개의 상실이 벤야민이 말한 '아우라'를 파괴한다고 비판하고 있는데, 왜 우리는 '아우라'를 보존해야 하는지 모르겠다. 그것이 더 윤리적인가? 정말 궁금하다.

또한, 마단 사럽(Madan Sarup)은 다음과 같이 보드리야르를 비판한다.

"그는 직접 대면하여 행하는 의사소통에 대한 보수적인 향수를 가지고 있는 듯하다. 여기에는 그러한 의사소통 방식이 다른 방식보다 우월하다는 의미가 담겨 있다. 그는 상이한 의사소통 방식들이 이 특권적인 방식의 특성에 맞추어 주기를 바라지만, 매체들 사이의 차이에 대해 설명하지 못한다."[123]

실제로 「대중매체를 위한 진혼곡」에서 보드리야르는 다음과 같이 쓰고 있다.

"극단적으로 말해서, 사라지는 것, 또 사라져야 하는 것은 말할 나위 없이 매개체의 개념 자체이다. 교환되는 발언, 상호적이고 상징적인 교환은 매체·매개물의 개념과 기능을 부정한다."[124]

그런데 보드리야르는 『시뮬라시옹』에서 앞에서 김상환이 말했

123) 마단 사럽, 박윤준 옮김, 『후기구조주의와 포스트모더니즘』, 서울하우스, 2012, 273쪽
124) 장 보드리야르, 이규현 옮김, 『기호의 정치경제학 비판』, 문학과 지성사, 2007, 201쪽

듯이 매개 자체가 붕괴, 혹은 내파됨을 말하고 있다. 이러한 매개가 붕괴하는 것은 매체 안에서 '메시지'가 내파하고(5. 매체 속에서 의미의 내파 참조) 수신자의 '현실'과 발신자의 '현실'이 더는 구분되지 않기 때문이다. 보드리야르는 다음과 같이 쓰고 있다.

"한 현실에서 다른 현실로의 … 매개적 운반체가 더 이상 없다."[125]

그리고 이러한 매개의 사라짐을 통해서 등장하는 대중 덩어리에 대해서 보드리야르는 긍정도 부정도 하고 있지 않다.

후기 보드리야르에서 매개 자체가 내파하기 때문에 직접 대면에 의한 의사소통은 매개에 의한 의사소통과 구별되지 않으며 특권적 지위를 상실한다. 따라서 마단 사럽의 주장은 후기 보드리야르, 특히 『시뮬라시옹』을 이해하지 못한 결과라고 말할 수 있다.

---

125) Jean Baudrillard, Simulacres et Simulation, Paris: Galilée, 1981, p. 125

1. 시뮬라크르: 참과 거짓을 넘어서

"시뮬라크르는 결코 진실을 감추는 것이 아니다. 진실이야말로 아무것도 존재하지 않는다는 사실을 숨긴다. 시뮬라크르는 참된 것이다."[126](『*Simulacres et Simulation*』 p. 9에서 재인용)

보드리야르는 자신의 위대한 저서 『시뮬라시옹』을 위와 같은 전도서의 문구로 시작하고 있다. 이로써 우리가 알 수 있는 것은 시뮬라크르를 단순히 '거짓'이나 '가상'으로 치부해버리는 모든 통속적인 보드리야르 해석이 틀렸다는 것이다.[127] 영화 「매트릭스」조차도 『시뮬라시옹』에 관해 잘못된 해석을 하고 있는데, 여기서는 시뮬라크르의 세계를 초월하는 '실재 세계'가 존재하며, 실재세계와 가상세계는 뚜렷이 구분된다. 심지어 실재

---

126) Simulacres et Simulation, p. 9

127) 이것은 나만의 주장이 아니다. 예를 들어 마크 포스터(Mark Poster)는 보드리야르에 관한 그의 논문에서 다음과 같이 쓰고 있다. "시뮬라시옹은 허구나 거짓말과는 다른데, 시뮬라시옹은 [...], 실재를 그 자체 안에서 흡수해버린다."(Douglas Kellner et al. Baudrillard: A Critical Reader, Cambridge: Blackwell, 1994, p. 81)

세계와 가상세계는 빨간 약과 파란 약의 선택에 의해 명료하게 구별되며, 가상세계는 자신의 의지에 따라 벗어날 수 있는 성질의 것이다. 진중권은 이와 같은 영화 「매트릭스」의 관점에 따라서 『시뮬라시옹』을 해석한다. 진중권은 다음과 같이 쓰고 있다.

"오늘날 '시뮬라시옹'은 아예 세계 전체를 날조한다. 〈매트릭스〉는 이 디스토피아의 영화적 상징이다.

권력은 자신을 유지하기 위해 세계전체를 날조한다. 하지만 시뮬라시옹은 허구에 불과하기에, 그것이 은폐하는 실재로부터 늘 위협을 받는다. 컴퓨터 프로그램에 버그가 있듯이, 프로그래밍된 세계도 완전하지는 않아, 가끔 그 안으로 예기치 않게 실재세계의 요소가 침투한다. 이를 '돌발사태'라 하는데, 의도하지 않은 이 실재의 요소는, 아무리 작은 것이라도 그 존재로써 가상세계 전체를 유지하려면 이 우연성을 소리 없이 차단·제거해야 한다."**128**

보드리야르가 이와 같은 유치한 주장을 했을 리가 없다. 보드

---

128) 진중권, 『미디어 이론』, 열린길, 2016, 136쪽

리야르가 말하고자 하는 것은 시뮬라크르와 시뮬라시옹의 체계를 벗어난 '실재'는 존재할 수 없다는 것이며, 이러한 존재할 수 없음이 이 책에서 숙고되고 있다. 또한, 시뮬라크르는 단순히 '거짓'이 아니며 어떠한 참된 실재를 은폐하는 '가상'이 아니다. 이렇게 실재를 은폐하는 가상이라는 구도는 매우 '신학적인 것'이며, 지나치게 마르크스주의적인 것이라 보드리야르가 넘어서고자 하는 구도이다. 마르크스주의의 '이데올로기 비판'은 '가상'으로서의 이데올로기를 비판함으로써 이러한 이데올로기가 은폐하고자 하는 실재를 드러내고자 했지만, 이것은 결국 기독교적 신학의 다른 버전에 불과하다는 것이 보드리야르가 말하고자 하는 바다.

이러한 마르크스주의적이고 신학적인 구도는 아직 재현의 형이상학에 속박되어 있다. 다만 실재에 대한 옳은 재현인가 잘못된 재현인가가 문제일 뿐이다. 그런데 보드리야르는 오늘날의 사회에서는 "존재와 그 외양을 나누던, 실재와 그 개념을 나누던 거울이 없다."[129]라고 말하고 있다. 재현에서 이상적인 목표는 기호와 실재의 등가성이지만, 보드리야르는 시뮬라시옹이 이러한 등가원칙을 완전히 파괴하며 기호와 이미지의 조작을 통해 하이

---

129) SImulacres et Simulation, p. 11

퍼-리얼리티[130]를 생산해낸다고 말한다.

"실재는 이제는 조작적일 뿐이다. 사실 이것은 더 이상 실재에 대한 문제가 아니다. … 그것은 대기가 없는 하이퍼-공간 속에서 조합적인 모델들로부터 발산되어 나온 합성물인 하이퍼-리얼리티이다."[131]

이렇게 실재가 조작적인 하이퍼-리얼리티가 되는 것은 실재가 '명령 모델들로부터 생겨'[132]나기 때문이다. 보드리야르의 시뮬라시옹 이론에서 중요한 것은 바로 이러한 하이퍼-리얼리티를 생산해내는 모델과 '자신과 동일하게 재생산할 수밖에 없는' '미시모델'[133]로써의 코드이다. 이러한 모델과 코드의 이론은 현대의 모든 사물이 기호체계의 조작에 의해 영향을 받으며 이러한 기

---

130) 역자인 하태환은 hyper-réel혹은 hyper-réalité을 '파생실재'로 번역하는데, 나는 '하이퍼-리얼리티'로 번역한다.

131) Simulacres et Simulation, p. 11

132) Simulacres et Simulation, p. 11 하태환은 modéles de commandement를 '지휘 모델들'이라고 번역하는데 나는 '명령 모델들'로 번역한다.

133) Simulacres et Simulation, p. 151

호체계에 의해 생산된다는 것을 전제로 하고 있다. 이제 모델과 시뮬라크르는 실재에 선행(先行)하는 것이다. 이것이 보드리야르가 말하는 '시뮬라크르들의 선행(précession des simulacres)'이다. 하태환은 이 'précession des simulacres'를 '시뮬라크르들의 자전'으로 번역하고 있는데 이는 명백한 오역이다.

> "이제는 지도가 영토에 선행하고—시뮬라크르들의 선행—심지어 영토를 만들어낸다."[134]
> "시뮬라시옹의 시대가 열리고 모든 지시대상은 붕괴되어 버린다. —더 안 좋은 것: 사라진 지시대상들이 기호 체계 속에서 인위적으로 부활함에 의해서 시뮬라시옹은 더욱 강화된다."[135]

이렇게 시뮬라크르가 하이퍼—리얼리티로서의 대상을 생산한다는 것은 의학적 관점에서 보자면 시뮬라크르—환자가 병의 징후들을 실제로 만들어낸다는 것을 의미한다. 그렇다면 이 시뮬라크르—환자는 '진짜' 병자도 '가짜' 병자도 아닌, 결정 불가능의 상태에 있게 된다. 이와 같은 의미에서 시뮬라크르는 참과 거짓

---

134) Simulacres et Simulation, p. 10)
135) Simulacres et Simulation, p. 11

의 이원론을 벗어나 있다.

또한, 정신분석학은 진실한 것으로서 '무의식'의 존재를 가정하고 있으나 고전적 의학의 '징후'가 생산될 수 있다면 무의식의 〈작업〉 또한 가공될 수 있지 않을까? 보드리야르는 꿈이 바로 이렇게 생산된 징후라고 말한다. 정신과 의사는 그러나 '정신병에는 정신과 의사는 속일 수 없는 '말할 수 없는 무언가'가 있다.'라고 말할 수 있을 것이다. 그러나 이와 같은 '말할 수 없는 무언가'를 강조하는 것은 정신의학이 과학이기를 스스로 포기한 것에 지나지 않으며, 시뮬라크르와 시뮬라시옹에 의해 "진실, 지시물, 객관적 원인은 더 이상 존재하지 않는다."[136]라는 사실을 회피하는 것에 불과하다.

이제 군대에서는 실제의 징후를 만들어내는 시뮬라크르—정신병자와 진짜 정신병자를 구별하지 않고 진짜 정신병자와 같이 전역시키기도 한다. 이런 의미에서 '진짜 정신병자'라는 개념 자체가 시뮬라크르에 지나지 않는다.

---

136) Simulacres et Simulation, p. 13

"이런 의미에서 모든 광인들은 시뮬라시옹을 하는 셈이며, 이러한 무차별성은 모든 전복 중 가장 심각한 것이다. 이러한 무차별성에 대항하여 고전적 이성은 그의 모든 범주를 동원하여 무장하였다. 그러나 오늘날 다시 무차별성은 이성의 구분 범주들을 넘쳐나 진실의 원칙을 침몰시킨다."[137]

그런데 이와 같은 시뮬라크르의 문제는 이미 중세의 성상 숭배 논쟁에서 나타났다. 성상이 '가짜'이기에 신의 신성한 이데아를 단지 왜곡할 뿐이라면 과격한 성상 파괴 운동은 일어나지 않았을 것이다. 사람은 왜곡된 진실하에서도 만족하며 살아갈 수 있기 때문이다. 오히려 성상 파괴자들이 참을 수 없었던 것은 시뮬라크르로서의 성상이 아무것도 감추고 있지 않다는 사실이었다. 시뮬라크르들은 자신의 미혹하는 힘으로 신성을 증발시키며, 이렇게 신성이 겨우 시뮬라크르에 불과한 것에 의해 사라진다면 사실 신이라는 것은 존재하지 않으며 신 자체가 시뮬라크르에 불과하다는 것이 합당하게 된다.

---

137) Simulacres et Simulation, p. 14

"성상파괴주의자들의 형이상학적 절망은, 이미지가 아무것도 숨기고 있지 않으며, 이미지가 요컨대 이미지가 아니라는 것으로부터 온다. … 그들은 어떻게든 신성한 지시물의 이러한 죽음을 피해야 했던 것이다."[138]

보드리야르에 의하면 이미지에는 이와 같이 실재를 죽이는 '살상력'과 실재를 이해할 수 있게 해주는 '재현력'이 존재해왔다고 말한다. 서구의 형이상학은 이미지의 재현력에 도박을 걸었다. "기호는 의미의 심층을 지시할 수 있고, 기호와 의미는 서로 교환될 수 있으며, 이러한 교환에 무엇인가가- 물론 신이 -보증을 서준다."[139]

그런데 신 자체가 시뮬라크르가 되어버리면 어떻게 되는가? 즉 신 자체가 기호로서 이미지에 불과하게 된다면? 그렇게 되면 전체 체계는 심층의 의미를 지시하는 것이 아니라 자기-지시적 순환의 체계가 된다. 즉, "더 이상 실재와 교환되지 않으며, 어느 곳에 지시도 테두리도 없는 끝없는 순환 속에서 그 자체로 교환

---

138) Simulacres et Simulation, p. 15
139) Simulacres et Simulation, p. 16

되는."[140] 시뮬라크르의 체계가 된다.

이런 의미에서 무언가를 은폐하는 기호로부터 아무것도 은폐할 것이 없음을 감추는 기호로의 전환이야말로 시뮬라시옹의 악순환으로 나아가는 데 결정적인 전환점이다. 보드리야르는 이미지의 발전 단계를 다음과 같이 규정한다.

"*이미지는 심층적 실재(réalité profonde)의 반영이다.*
이미지는 심층적 실재를 감추고 변질시킨다.
이미지는 심층적 실재의 부재를 감춘다.
이미지는 그것이 무엇이건 간에 어떠한 사실성과도 무관하다.
이미지는 자기 자신의 순수한 시뮬라크르이다."[141]

보드리야르는 우리가 살아가고 있는 세계가 바로 세 번째 단계의 이미지들로 구성되어 있다고 말한다. 두 번째 단계의 세계에서 세 번째 단계의 세계로의 이행은 결정적이다. 왜냐하면, 두 번째 단계에서는 아직도 참과 거짓의 범주가 유효한 데 반해, 세 번째 단계에서는 '심층적 실재', 즉 참과 거짓을 구별 지을 판단

---

140) Simulacres et Simulation, p. 16
141) Simulacres et Simulation, p. 17

근거로써의 '신'이 사라졌기 때문이다. 세 번째 단계에서 심층적 실재가 사라졌다는 것은 앞에서 말했던 이미지의 살상력에 의해 실재가 살해되고, 다시 기호체계 속에서 부활했다는 것을 의미 하는 것으로, 이것은 '모든 것이 이미 죽었고 또 미리 부활했기 때문'에 실재와 가상을 분리하는 '최후의 심판'은 영원히 도래하 지 않을 것임을 의미한다.[142] 스티븐 베스트는 이와 같은 의미에 서 "환상의 배후에서 되찾아져야 하는 실재는 존재하지 않는다." 라고 그의 보드리야르에 관한 논문에서 말하고 있다.[143] 스티븐 베스트는 또한 '이제 환상은 불가능'하다고 말하고 있는데, 왜냐 하면 그 이상 실재는 불가능하기 때문이다.[144] 스티븐 베스트는 다음과 같이 쓰고 있다.

"실재는 … 독립적인 객관적 세계가 인공적인 코드와 시뮬 라시옹 모델들과 동화되고 그것들에 의해 정의될 때 사라진 다."[145]

---

142) Simulacres et Simulation, p. 17
143) Baudrillard: A Critical Reader, p. 53
144) Baudrillard: A Critical Reader, p. 53
145) Baudrillard: A Critical Reader, p. 54

그런데 권력은 실제적인 것에만 개입할 수 있기에, 즉 실제적이고 합리적으로 설정된 인과율 위에서만 작동할 수 있기에 권력은 위기에 처한다. 예를 들어 대중매체가 지배하는 사회에서 모든 납치는 이제 '실제적인' 목적이 아닌, 대중 매체들 속에서 '기호'로써 반복되기 위해서 행해진다는 점에서 시뮬라크르-납치이다. 즉, 납치는 대중 매체들의 상호적인 참조의 체계 속에서 '무한정으로 서로서로 굴절'[146]되기 위한 '기호들의 총체'[147]로써 작용하는 것이다. 마치 원시 사회의 쿨라-시스템(Kula-system)에서처럼 매체들의 순환회로에 기호가 통과함으로써 자동으로 그 기호의 지위가 향상되는 것이다. 그리고 이러한 기호의 지위 향상은 더 많이, 더 빠르게 순환할수록 커진다. 이러한 '기호의 쿨라 시스템'을 통해서 실재나 의미, 내용물은 사라지게 된다. 이러한 시뮬라시옹의 무한한 연쇄적 발발은 한정된 실재에 대해서만 작용할 수 있는 권력에게는 치명적으로 위험한 것이 된다.

그렇기에 권력의 전략은 이제 '도처에 실재와 지시물적인 것을 재주입(réinjecter)'[148]하는 것이 된다. 이제 권력은 욕망의 '현실

146) Simulacres et Simulation, p. 39
147) Simulacres et Simulation, p. 38
148) Simulacres et Simulation, p. 39)

성' 담론을 적극적으로 이용한다. 즉 들뢰즈(Gilles Deleuze)와 가타리(Felix Guattari)가 『안티 오이디푸스』에서 주장하는 '욕망의 현실성', 즉 "욕망이 생산한다면, 그것은 현실계를 생산한다. 욕망이 생산자라면 그것은 현실 속의, 그리고 현실의 생산자일 수 있을 따름이다."[149]라는 주장은 권력의 슬로건이 된다. 왜냐하면, 실재와 욕망, 생산의 혼동조차도 통제할 수 없이 전염되고 배가되는 하이퍼-리얼리티보다는 덜 위험하기 때문이다.

보드리야르는 시뮬라시옹이 오랫동안 권력에 의해 사용되어 왔지만, 이제 시뮬라시옹은 권력에 대해 '저지적'이라고 말한다. 하이퍼-리얼리티와 시뮬라시옹은 사실성의 원칙과 인간적인 목적에 대해 저지적이어서 모든 지시대상을 파괴하고 모든 인간적인 목적을 파괴해왔던 자본의 권력에 의해 이용되어 왔다. 자본주의는 등가와 교환에 기반한 추상과 탈영토화에 의해 구체적인 사용가치를 제거함으로써 사실성의 원칙을 파괴해왔고, 이윤이라는 유일한 목적을 위해 인간적인 목적을 파괴해왔다. 그런데 자본주의는 오늘날 사실성의 원칙을 회복하려 하고 "사회적, 경제적, 정치적, 인위적 목표들을 다시 만들어내는(refabriquer) 연

---

149) 질 들뢰즈, 펠릭스 가타리, 김재인 옮김, 『안티 오이디푸스』, 민음사, 2015, 60~61쪽

기를 한다."**150** 그렇기에 하이퍼—리얼리티와 시뮬라시옹은 이제 자본주의적 권력에 적대적이게 된다.

　"오늘날 바로 이 사실성을 죽였던 동일한 논리가 이제 와서 사실성을 회복하고자 하는 자본에 반대하여 치열해진다."**151**

　그런데 이러한 하이퍼—리얼리티와 시뮬라시옹이 만들어가는 대파국에 자본이 저항하면 할수록 자본은 더 하이퍼—리얼리티 와 시뮬라시옹의 늪에 깊게 빠질 수밖에 없다. 왜냐하면, 자본이 생산할 수 있는 것은 '사실성의 기호'이지 사실성이 아니기 때문 이다. 말하자면 "자본은 사실성의 기호들만을 증폭시키며 시뮬 라시옹의 유희(jeu)를 가속화할 따름이다."**152**

　그런데 배영달은 보드리야르가 이렇게 구분하고 있는 자본 권 력과 시뮬라시옹을 혼동하면서, 권력이 실재를 주입하는 것이 "너무 늦었다."라고 말하는, 즉 이미 시뮬라시옹에 의해 권력은 증발하고 있다고 말하는 보드리야르를 다음과 같이 비판한다.

---

150) Simulacres et Simulation, p. 40

151) Simulacres et Simulation, p. 40

152) Simulacres et Simulation, p. 40

"… 보드리야르가 잊고 있는 것은 시스템의 이러한 시도가 정확히 말해서 '너무 늦지' 않다는 점이다. 즉 시뮬라시옹의 시스템은 실제로 무너지거나 끝장나지 않는다."[153]

이와 같이 시뮬라시옹이 '권력'을 살해한다는 것을 이해하지 못하고 시뮬라시옹과 자본주의적 권력을 혼동하는 배영달의 해석은 문제가 많다.

권력의 실재는 오히려 이러한 시뮬라시옹의 유희 속에서 해체된다. 이렇게 실질적인 권력이 사라지게 되기 때문에 권력의 '기호'에 대한 집단적 수요가 존재하게 된다. 그리고 '저항 세력' 혹은 '좌파'는 '반대 추론'에 의해 권력에 사실성의 '기호'를 부여하기 위해 존재한다. 보드리야르는 이러한 권력을 잃어버린 사회가 느끼는 우수가 파시즘의 형태로 표출되었다고 말한다.

더 나아가 오늘날 대통령은 '권력의 마네킹(Mannequin de Pou-voir)'[154]에 불과한 존재가 된다. 케네디(John F. Kennedy)와 같은 경우에는 '정치적 실체'가 있기에 죽음이 의미 있을 수 있었다. 그러나 그 이후의 대통령, 그중에서도 존슨(Lyndon B.

---

153) 『보드리야르와 시뮬라시옹』, 98쪽
154) Simulacres et Simulation, p. 42

Johnson)과 포드(Gerald R. Ford) 는 암살의 대상이 될 가치가 없음에도 불구하고 테러의 대상이 되었다. 더구나 닉슨(Richard M. Nixon)은 그럴만한 가치가 없었음에도 불구하고 워터게이트 사건에 의해 엄숙하게 대통령에서 쫓겨남으로써 민주주의의 감동적 승리라는 만들어진 서사의 희생양이 되었다. 이러한 대통령에 대한 암살과 탄핵의 연출은 권력에 대한 부정에 의해 역으로 권력이 '실제로' 존재하는 것처럼 보이게 만든다.

"정치적 반대파 l'opposition politique, '좌파', 비판적 담론 등 같은 시뮬라크르 들러리로 하여 권력은 그의 비존재, 그의 근본적인 무책임성, 그의 '부유'의 악순환을 깨뜨리려 한다. 권력은 화폐처럼, 언어처럼, 이론처럼 떠다닌다. 비판과 부정성만이 홀로 여전히 권력의 사실성의 환영을 퍼뜨린다."[155]

워터게이트를 통해 닉슨은 진정한 권력으로서 심각하게 받아들여지는 데에 성공했다. 워터게이트에 대해서 더 말하자면, 보드리야르는 워터게이트가 '심층적 실재'의 종말을 잘 보여준다고

---

155) Simulacres et Simulation, p. 43, 하태환은 l'opposition politique를 '정치적 야당'으로 옮겼으나 나는 '정치적 반대파'로 옮긴다.)

말한다. 즉 워터게이트는 '인위적 표면의 이쪽 이상으로 저 너머에도 어떤 사실성도 없다는 것을 감추기 위한 상상적 효과'[156]이다. 워터게이트를 통해 표면으로 드러난 정치의 부도덕성은 대중매체에 의해 '스캔들'로 다루어진다. 그러나 정치의 부도덕성은 스캔들이 아니라 정치에 만연한 보편적 사실이다. 이런 의미에서 워터게이트를 통해 '세계적 차원에서 적당량의 정치 도덕의 주입'[157]이 이루어졌다고 보드리야르는 비꼰다.

> "옛날에는 사람들이 스캔들을 감추려고 노력하였다. 그러나 오늘날은 그건 스캔들이 아니라는 것을 감추려고 애를 쓴다."[158]

이와 같이 표면에 드러난 것과 다른 '심층적 실재'와 같은 것이 존재하지 않음은 디즈니랜드에서 잘 드러난다. 디즈니랜드는 단순한 가상의 세계가 아니며 오히려 미국 사회의 축소판이다. 실제로 사람들은 디즈니랜드에서 '미국 사회가 가하는 통제,

---

156) Simulacres et Simulation, p. 28

157) Simulacres et Simulation, p. 28

158) Simulacres et Simulation, p. 29

그리고 그 사회가 제공하는 기쁨의 종교적인[159] 축소된 향락(jouissance)'[160]을 얻는다. 사람들은 미국 사회에서와 같이 디즈니랜드에서 얌전히 줄을 서며 출구에서는 버림받는다. 그렇다면 디즈니랜드는 심층적인 실재로써의 '미국 이념', '미국 가치'가 표현된 결과물인가? 그렇지 않다. 오히려 디즈니랜드는 '심층적 실재'가 존재하지 않는다는 것, 즉 '미국 이념', '미국 가치'가 미국인들의 내면 깊은 곳에 존재하는 것이 아니라 표면 속의 기호와 이미지의 유희를 통해 꾸며내어 만들어진 것이라는 것을 감춘다. 따라서 디즈니랜드가 '미국 이념', '미국 가치'의 표현이라는 '이념적인' 분석은 앞에서 말한 이미지의 단계 중 세 번째 단계의 시뮬라크르에 속한다.

"그리고 이 '이데올로기적인(ideologique)' 경위는 세 번째 질서의 시뮬라시옹에 대한 은폐물로 사용된다. 디즈니랜드는 '실제의' 나라, '실제의' 미국 전체가 디즈니랜드라는 사실을 감추기 위하여 거기 있다."[161]

---

159) 하태환은 religieuse를 '근엄한'으로 옮겼으나 나는 '종교적인'으로 옮긴다.
160) Simulacres et Simulation, p. 25
161) Simulacres et Simulation, pp. 25~26

따라서 디즈니랜드의 유치한 상상세계는 실재도 가상도 아니고, 어른들이란 '실제의' 세상에 있다는 믿음을 주기 위해 설치된 '저지의 기계(machine de dissuasion)'이다.[162] 그러나 LA와 미국 전체도 더는 '실재'가 아니며 시뮬라시옹의 질서에 속한다. 보드리야르는 명확히 이러한 시뮬라시옹의 질서가 재현과 이데올로기의 문제 틀에서 벗어나 있음을, 즉 앞에서 언급한 두 번째 종류의 이미지에서 벗어나 LA와 미국이 세 번째 종류의 이미지의 세계임을 밝히고 있다.

"더 이상 사실성의 거짓 재현 문제(이데올로기)가 아니고, 실재가 더 이상 실재가 아니라는 사실을 숨기고, 따라서 사실성의 원칙을 구하기 위한 문제이다."[163]

보드리야르는 권력의 실재가 사라졌듯이, 노동의 실재가 사라졌다고 말한다. 그리고 "노동 시나리오는 노동의 실재, 생산의 실재가 사라졌음을 감추기 위하여 거기 있다."[164] 따라서 노동의 실

---

162) Simulacres et Simulation, p. 26
163) Simulacres et Simulation, p. 26
164) Simulacres et Simulation, p. 47

제를 가리는 '이데올로기'는 존재하지 않는다. 이러한 이데올로기
의 담론은 역설적으로 이러한 이데올로기에 의해 왜곡되는 '실재'
의 존재를 가정하기 때문에 실재와 지시물을 인위적으로 주입하
려는 권력의 전략과 맞아떨어진다고 보드리야르는 고발한다.

2. 뫼비우스의 띠

　　　　　혹자는 워터게이트에서 공화당의 실력자가 닉
슨을 제거하기 위해 좌파 기자들을 조종했다고 말하지만, 보드
리야르는 이러한 음모론을 지지할 필요는 없다고 말한다. 왜냐하
면 '조종이란 유동적인 인과성(causalité flottante)'**165166**으로써
더는 조종의 주체의 능동성과 조종의 객체의 수동성은 존재하지
않기 때문이다. 이렇게 일방향의 인과성은 존재하지 않으며 정치

---

165) Simulacres et Simulation, p. 31

166) 하태환은 이것을 '불확실한 인과성'이라고 옮겼으나, 나는 '유동적인 인과
성'이라고 옮긴다.

적 사실성과 정치적 사실성의 원칙은 이러한 비선형적 인과성을 중단시켜야 보존된다. 따라서 정치에 대한 이른바 '사실에 입각한 객관적인' 분석은 이러한 돌고 도는 인과성을 제한시켜야 한다. 이러한 선형적인 인과성이 파괴된 시스템에서 어떠한 행위나 사건의 의미를 계산하거나 이러한 행위나 사건의 효과를 예측하는 것은 불가능하다.

이른바 '객관적인' 분석들에 의해 해석의 싸움은 끝나는 것이 아니라 더욱 격화된다. 왜냐하면, 이러한 '사실에 입각한 객관적인' 분석은 비선형적인 인과성을 선형적인 인과성으로 근사(近似)시킨 상태에서 가능한데, 어떻게 비선형적인 인과성을 근사시킬 것인가가 이미 서로 다른 특수한 모델들에 의해 구성되어 있기 때문이다. "시뮬라시옹은 모델의 선행(先行), 아주 사소한 사건에 대해서도 모든 모델들의 선행에 의하여 특징지어진다."[167] 사실이나 사건들은 이 모델의 교차점에서 탄생하며 따라서 "단 하나의 사실이라 할지라도 동시에 모든 모델에 의하여 생산될 수 있다."[168] 이러한 모델의 다수성은 모든 해석의 가능성, 즉 서로 모순될 수도 있는 해석들의 가능성을 열어놓는다.

---

167) Simulacres et Simulation, pp. 31~32
168) Simulacres et Simulation, p. 32

예를 들어, "공산주의자들이 이탈리아에서 권력을 잡는 것을 보는 데 두려워하지 말아야 한다."라는 베를링거의 말은 명시적인 의미와 정반대로 해석될 수 있다. 왜냐하면, 일차적으로 이 말은 공산주의자들이 정권을 잡더라도 자본주의를 종식시키지 못할 것을 의미하는데, 이는 공산주의자들이 정권을 잡더라도 그 권력을 대리로서만 행사되도록 한다는 것을 의미하며, 이는 "권력, 진정한 권력은 더 이상 존재하지 않는다."[169]라는 것을 의미할 수 있기 때문이다.

보드리야르는 이와 같은 '담화 자체의 정위치 불가능성 (l'impossi-bilité d'une position déterminée de discourse)'[170] 이 한 당파의 담화뿐만 아니라 모든 담화에 해당한다고 말한다. 이것은 담화의 의미가 교묘하게 뒤틀림으로써 한 의미가 정반대되는 의미와 연결될 수 있음을 지시한다. 이러한 의미의 뒤틀림을 보드리야르는 '뫼비우스의 띠'라고 표현하고 있다. 이는 뫼비우스의 띠가 긴 종이테이프를 뒤틀리게 해서 안과 밖이 연결됨에 따라 안과 밖이 궁극적으로는 구분되지 않음에서 따온 것이다. 이것은 담화가 좌파에서 우파로, 우파에서 좌파로 순환되는

---

169) Simulacres et Simulation, p. 33
170) Simulacres et Simulation, p. 33

것에서 잘 드러난다. 이러한 뫼비우스의 띠는 분할 될 때 '표면
의 가역성(la réversibilité des surfaces)은 해결되지도 않은 채
부차적인 나선형으로'[171][172] 되는, 시뮬라시옹의 무한 지옥을 형
성한다. 이러한 뫼비우스의 띠에 대한 생각은 욕망과 법의 결합
등, 그 전에는 모순된다고 생각했던 것들의 뒤틀린 결합에 대한
사고로 확장된다.

"모든 지시물적인 것은 그들의 담론을 순환적이고 뫼비우스적
인 강박 속에서 섞는다. 섹스와 노동은 최근까지도 사납게 대
치하였다. 그들은 오늘날 동일한 유형의 요구 속에서 서로 용
해된다. 옛날에 역사에 관한 담론은 자연에 대한 담론에 격렬
히 반대하면서 힘을 취했고, 욕망의 담론은 권력의 담론에 격
렬히 반대하면서 힘을 취했다. 오늘날 그들은 그들의 기표들과
시나리오들을 교환한다.
워터게이트처럼, 다 죽어가는 어떤 원칙을, 스캔들, 환상, 시뮬
라크르된 죽음, 즉 부정성과 위기를 사용한 일종의 호르몬 요

---

171) Simulacres et Simulation, p. 33
172) 하태환은 la réversibilité des surfaces를 '표면의 회귀성'으로 번역했으
나 나는 이를 '표면의 가역성'으로 옮긴다.

법에 의해 살려내려고 하는 이러한 모든 견제 시나리오들의 모
든 일람표를, 작전상 부정성의 모든 일람표를 주파하기는 너무
길 것이다."[173]

여기서 워터게이트와 함께 보드리야르가 고려하는 사례가 있
는데 그것은 바로 테이세이데이라고 불리는 원시인들의 사례이
다. 1971년에 필리핀 정부는 외부 세계와의 접촉 없이 살아온 테
이세이데이인들을 사람들의 발길이 닿지 않는 곳에 원시 상태로
보존하기로 결정하는데, 이는 많은 인류학자의 요청에 의해서 이
루어진 일이다. "그들은 원주민들이 그들과 접촉하자마자 마치
외부 공기에 노출된 미라처럼 즉각 해체됨을 보아왔다."[174] 말하
자면 이제 테이세이데이인들은 '원시림의 유리관'[175] 속에서 영원
하게 냉동되고 방부제 처리 될 뿐만 아니라 '죽음으로부터 보호
되어'[176] 시뮬라크르-인디언이 된 것이다.
　말하자면 과학의 대상은 해체됨으로써 과학에 복수하고 도전

---

173) Simulacres et Simulation, pp. 34~35

174) Simulacres et Simulation, p. 18

175) Simulacres et Simulation, p. 19

176) Simulacres et Simulation, p. 19

하는 것이다. 과학이 대상과 마주치면 대상이 해체되므로 과학이 살기 위해서는 대상은 '처녀성'에 손상이 가지 않는 안전한 곳에 보관되어야 한다. 이것은 마치 오르페우스의 뒤돌아봄에 의해 지옥으로 떨어지는 에우리디케와 같다.

과학은 이제 '실제적 대상'으로부터 멀어져서, 결국 "대상이 없어도 되기에 이르는 것이다."[177] 이것은 '과학의 자율성'이 극한에 이른 결과이다. 이제 인류학은 '자신의 대상으로부터 해방되어서, 모든 살아 있는 대상에까지 일반화할 것'[178]이라고 보드리야르는 말한다. 이런 의미에서 인류학의 순수형은 반-인류학이 될 것이고, "인류학은 반-인류학 속에 살아남는다."[179]

이런 의미에서 과학의 생존이 그 대상의 박탈을 통해서 이루어지는 것은 '시뮬라크르된 죽음'에 의한 호르몬 요법을 통해 다 죽어가는 과학의 객관성의 원칙을 되살리려는 눈물 나는 노력이다. 이런 의미에서 보드리야르는 테이세이데이인들의 사례가 대통령의 탄핵을 통해 권력의 실재성을 부여하려는 워터게이트의 사례와 마찬가지라고 말한다.

---

177) Simulacres et Simulation, p. 19
178) Simulacres et Simulation, p. 19
179) Simulacres et Simulation, p. 21

모든 것은 뫼비우스의 띠가 안에서 밖으로, 밖에서 안으로 변신하는 것과 같이 '자신의 반대 용어로 변신'[180]하는 것이다.

3. 파놉티콘의 종말

보드리야르는 라우드가(家)에 대한 리얼리티 TV 쇼에 대해 분석하면서 오늘날에는 푸코(Michel Foucault)의 파놉티콘이라는 다이어그램이 적절하지 않다고 주장한다. 보드리야르는 이 리얼리티 쇼를 아래와 같이 말한다.

"대본도 없고 각본도 없는 7개월간의 촬영, 300시간의 생방송, 끊임없는 한 가족의 이야기, 그의 극적 사건들, 기쁨들, 돌발 사건들, 한마디로 '생생한' 역사적 문서, 그리고 '우리 일상적 차원에서, 달 착륙 영화에 비교될 만한 TV의 가장 아름

---

180) Simulacres et Simulation, p. 35

다운 수훈'이다."[181]

그런데 촬영 중에 이 가족은 분해된다. 이 가족은 전형적인 평범한 미국 가족의 사례로써 완벽한 '하이퍼−리얼함'을 가지고 있었고, 말하자면 '미국적 생활방식의 이상적 영웅'[182]이었다. 이 가정을 선택하는 것 자체가 이 가정의 '통계적인 완전함(perfection statistique)'에 근거하는 것이었고, 이와 같은 통계적인 완전함[183]이 이 가정을 죽게 한 것이라고 말할 수 있다. 말하자면 라우드가는 너무나 평범했기에 '대중 사회의 예배 드라마'[184]를 위해 희생양으로 선택된 것이다. 이 프로그램은 전혀 연출되지 않음을 연출하는 것, 즉 TV가 거기 없었던 듯이 평범한 가족의 평범한 일상을 '자연스럽게' 담는 것에 성공했다.

---

181) Simulacres et Simulation, p. 50

182) Simulacres et Simulation, p. 50

183) Simulacres et Simulation, p. 50

184) Simulacres et Simulation, p. 50

"연출가의 승리는 다음과 같이 말하는 것이었다. '그들은 마치 우리가 거기 없었던 듯이 살았다.'"[185]

그런데 보드리야르는 '우리가 거기 없었던 듯이'가 '당신이 거기 있었던 듯이'와 같은 것이라고 말한다. 이것은 진중권의 주장과는 달리[186] 관음증과 무관한 것이며, 오히려 관음증을 가능하게 하는 원근법적 거리감이 사라졌음을 이야기하는 것이며, 어떤 유토피아, 어떤 역설을 보여주는데, 그것은 수신자=발신자라는 동일성과 직접성의 유토피아, 동일성과 직접성의 역설이다. 즉 라우드가는 바로 평범한 수신자와 동일한 일상, 즉 기호체계에 의해 구성된 일상을 살아갔던 것이며, 이 일상은 '대본도 각본도

---

185) Simulacres et Simulation, p. 49

186) 진중권은 다음과 같은 틀린 주장을 한다. "텔레비전의 등장으로 세계는 볼거리를 제공하는 노출증 환자, 시청자는 그 볼거리를 훔쳐보는 관음증 환자가 된다. 텔레비전에 내재된 이 관음증적 경향이 극단적으로 나타난 것이 오늘날 유행하는 '리얼리티 쇼'인데, 이는 '하이퍼 리얼리티'가 무엇인지 보여주는 실례로 보드리야르에 의해 즐겨 인용된다. 1971년 미국의 한 방송사가 7개월에 걸쳐 300여 시간의 생방송으로 라우드가라는 어느 중산층 가정이 파탄에 이르는 과정을 생생히 보여주었다."(진중권, 『현대미학강의』, 아트북스, 2009, 264쪽) 그러나 이러한 진중권의 주장이 틀렸다는 것은 금방 생각해보면 알 수 있다. 평범한 시청자들이 자신들의 일상과 동일한 라우드가의 일상을 '관음증적으로 훔쳐볼 필요가 없다. 오히려 수신자와 발신자 사이의 심리적 거리가 파괴된 것이 이 리얼리티 쇼가 성공한 이유이다.

없이' 즉 여과 없이 직접적으로 전달되었다.

> "2,000만의 시청자들을 매혹했던 것은, 내밀한 사생활을 침
> 해한다는 '변태적인' 기쁨보다도 훨씬 더 바로 이 유토피아, 이
> 역설이다. '진실' 경험 속에서는 비밀이나 변태의 문제가 아니
> 라, 실재의 전율 혹은 하이퍼−리얼리티의 미학이라는 문제가
> 있다. 현기증 나고 속은 듯한 정확성의 전율 … 과도한 투명성
> 의 전율이다."[187]

이 거리와 차이를 삭제[188]함으로써 원근법적 공간은 파괴되며,
이러한 삭제는 앞에서 언급한 직접성과 동일성에 의해 '자연보다
더 사실인' 하이퍼−리얼리티를 만들어낸다. 이런 의미에서 라우드
가의 촬영은 '보는 자와 보이는 자의 대립'[189]위에서 작동하는 파
놉티콘의 다이어그램이 기술매체 사회에서의 통제를 설명하는 데
에 한계가 있음을 보여준다. 현대 사회에서의 통제 시스템은 감시
와 처벌의 전체−투시적, 즉 파놉티콘적 장치로부터 저지−시스템

---

187) Simulacres et Simulation, p. 49
188) Simulacres et Simulation, p. 49
189) Simulacres et Simulation, p. 51

으로 변형된다는 것이 보드리야르가 말하고자 하는 것이다. 이러한 저지-시스템 속에서는 수동적인 것과 능동적인 것, 주체와 대상의 구별이 파괴된다. 그렇기 때문에 대중매체가 아직도 대중을 소외시킨다고 말하는 것은 잘못된 것이다. TV는 자신의 모델을 대중들에게 강요하지 않으며 "당신이 모델이다!"라고 외친다. 즉 라우드가의 사람들에서 보이듯이 대중들의 통계적 표준을 시뮬라시옹의 모델로 삼는다. 그리고 실재는 이 모델과 혼동된다. 그리고 이 단계에서의 통제 시스템은 저지 시스템으로서, 대중매체는 대중들을 더는 '설득'하지 않으며 "당신이 정보이다. 당신이 사회적인 것이다. 당신이 바로 사건이며, 당신이 관계되어 있으며, 당신이 말을 가지고 있다."[190]라고 말한다. 이제 더는 '모델의, 권력의, 시선의, 전달 매체 자체의 발원지를 국지화할 수 없게' 된다.[191] 이것은 보드리야르가 단 주석에서 잘 드러난다. 여기서 보드리야르는 '발화자와 수화자의 혼동'이 존재하며, 이것은 담론과 권력의 순환을 형성한다고 말하고 있다.

---

190) Simulacres et Simulation, p. 51
191) Simulacres et Simulation, p. 51

"담론이 '순환한다'라는 문자 그대로 이해되어야 한다. 즉 담론은 한 점에서 다른 점으로 가는 것이 아니고, 차후로는 그것으로서 표정될 수 없는 발신자와 수신자의 위치를 구분 없이 감싸는 원을 주파한다. 이처럼 더 이상 권력 발원지도 발신 발원지도 없다. 권력은 순환하는 무엇이며 그 근원은 더 이상 정확하게 정해지지 않는다. 고전적 정의로의 권력의 종말은 권력의 종말인 끝없는 되돌아옴 속에서 지배자와 지배받는 자의 위치가 교환되는 원, 권력, 지식, 담론의 순환은 각 발원지들, 극들의 모든 국지화에 종지부를 찍는다."[192]

이 분석은 이 책이 1980년대에 출판되었음에도 불구하고 이른바 인터넷과 SNS가 발달한 오늘날 더욱 들어맞는 분석이다. 권력은 담론의 순환 속에서, 그리고 발신자와 수신자의 비구분 속에서 순환하며, 따라서 권력의 고전적 정의는 들어맞지 않고 권력은 끊임없이 '교환'되고 있다. 이와 같은 의미에서 대중매체가 상황주의자들이 말하는 것과 같이 주체와 대상의 이분법에 기초한 '무대의 사회'를 형성하며 대중들이 무대의 사회가 내포하는

---

192) Simulacres et Simulation, p. 52, 각주 7

'특수한 유형의 소외와 억압'[193] 속에 있다는 분석은 전면적으로 수정되어야 한다. 오히려 소외와 억압이 있는 것이 아니라 '생활 속에 TV의 용해와 TV 속에 생활의 용해'[194], 좀 더 일반화하면 생활 속에 대중매체의 용해와 대중매체 속에 생활의 용해가 있다. 이와 같은 의미에서 대중매체는 완전히 사회체에 녹아 들어가 사회체의 DNA의 한 부분을 이루고 있다. 이런 의미에서 대중매체를 'DNA의 양태 위에서 어떤 효과'로 생각해야 한다고 보드리야르는 말한다.[195] 즉 대중매체는 경험적 리얼리티를 하이퍼-리얼리티로 변환하는 발생론적 부호의 일부라는 것이다. 즉 재현적인 감각의 영역에 있던 경험적 리얼리티를 발생론적 신호의 영역으로 이동시켜 하이퍼-리얼리티로 만든다는 것이다. 이런 의미에서 TV는 "경험된 리얼리티(la réalité vécue)를 죽인다."[196] TV가 사회체의 DNA의 한 부분이라는 것은 원인과 결과, 주체와 대상, 능동과 수동의 최소거리가 파괴되어 결정론이 파괴된다는 것을 의미한다. 보드리야르는 다음과 같이 쓰고 있다.

---

193) Simulacres et Simulation, p. 52

194) Simulacres et Simulation, p. 54

195) Simulacres et Simulation, p. 54

196) Simulacres et Simulation, p. 50

"원인과 결과 사이의, 주체와 객체 사이의 최소한의 거리란 정확히 말하면 의미의 거리이다. 이 거리는 또 떨어짐, 다름, 가능한 유지되어야 했던 최소한의 떨어짐이다. 이 떨어짐은 더 이상 작게 축소될 수 없는 거리로서 만약 그렇지 않다면 불안정하고 비결정의 과정 속에 흡수되어버린다."[197]

그리고 담론의 질서는 이 불안정한 비결정의 질서를 포착할 수 없다. 이와 같은 간격의 폐지는 "DNA의 핵으로부터 … '실체'로 '향하는'"[198] 일방향의 인과율이 존재하지 않게 만든다. 이렇게 능동과 수동, 원인과 결과의 이분법을 폐기하는 대중매체의 조작을 보드리야르는 '절대적인 조작(manipulation absolue)'[199]이라고 말한다. 그리고 이러한 주체와 대상, 원인과 결과, 능동과 수동의 구분 파괴는 바로 의미의 내파이다. 왜냐하면, '… 가능한 최소한의 거리(le plus petité cart possible)는 의미의 거리'[200]이기 때문이다.

---

197) Simulacres et Simulation, p. 55

198) Simulacres et Simulation, p. 55

199) Simulacres et Simulation, p. 56

200) Simulacres et Simulation, p. 55

4. 매체 속에서 의미의 내파

　　　　　　　보드리야르의 '내파' 개념은 본래 마셜 맥루한 (Marshall Mcluhan)으로부터 온 개념이다. 그러나 메린(William Merrin)에 의하면 맥루한의 '내파' 개념은 privatization이 극복 되고 새로운 사회성이 형성되는 것을 의미한다. 즉 지평과 공간 이 '내파'에 의해 융합되어 새로운 사회성으로서 '지구촌'이 탄생 한다는 것이다. 그런데 보드리야르에 이르게 되면 사회성이 붕괴 되고 '내파'된다.[201] 왜 이렇게 사회성(=사회적인 것)이 내파하는 지는 앞으로 (이 논문에서) 다루어지게 된다. 어찌 되었든 이런 의 미에서 보드리야르의 '내파' 개념은 맥루한의 개념을 재가공한 것 으로서, 나름대로의 독창성을 갖는다.

　내파(Implosion)는 폭발(Explosion)의 반대어이다. 'ex-'가 바 깥쪽을 향함을 뜻하는 반면에 'im-'이라는 접두어는 안쪽을 향 함을 뜻하는 것으로, 'Implosion'은 '내향성 폭발'을 의미한다. 보드리야르는 이러한 시각적 이미지를 발전시켜서, 맥루한과 달

---

201) William Merrin, ˝Implosion, simulation and the pseudo-event: a critique of McLuhan˝, Economy and Society, Routledge, London 2002 p. 378

리 보드리야르에게 있어서 폭발이 알맹이가 껍데기를 뚫고 나와 껍데기를 파괴하는 것인 반면에, 내파는 껍데기에 의한 알맹이의 파괴를 의미한다. 또한, 보드리야르에 의하면 문명적 시스템은 별의 생애와 유비 관계 속에서 파악될 수 있다. 문명적 시스템은 '폭발'하는 빛과 에너지의 극대방사 끝에 하나의 특이점으로서 블랙홀에 의해 '수축'되는데, 이러한 블랙홀의 중력수축은 모든 빛과 에너지를 빨아들인다. 이러한 중력수축과 빛과 에너지의 상실을 보드리야르는 '내파'라고 부르는 것이다. 또한, 여기서 '빛'이라고 불리는 것은 '로고스' 또는 '의미'의 은유이다. 따라서 폭발시스템에서 의미가 생산되는 반면에 내파 시스템에서는 의미가 소멸한다.

보드리야르는 지금까지 근대 서구의 문명은 '해방적 격렬함'의 문명이었다고 말한다. 이러한 '해방적 격렬함'은 '생산' 또는 '폭발'에 의해 작동하는 격렬함으로써, 자본주의와 제국주의의 팽창으로 규정되는 격렬함이었다. 그런데 이러한 팽창이 전 지구를 덮게 됨에 따라 자본주의는 더 이상 팽창할 '외부'를 찾지 못하게 된다. 따라서 이러한 '극대방사'는 끝나고 '내파'로 나아가게 된다. 그 결과 폭발, 팽창, 생산의 격렬함 대신에 내파, 수축, 사라짐의 격렬함이 전 지구를 뒤덮게 된다. 앞에서 오늘날 노동의 실재, 생산의 실재가 사라졌음을 말한 적이 있다. 노동 또는 생산은 더는 리얼리티가 아닌 하이퍼-리얼리티이다.

앞에서 내파는 생산적 폭발의 '극대방사' 이후에 체계가 블랙홀에 의한 중력수축을 겪게 되어 만들어지는 것으로, 모든 에너지와 의미를 사라지게 만드는 메커니즘임이 설명되었다. 이와 같은 추상적인 규정에 더하여 구체성을 확보하기 위하여 『시뮬라시옹』의 「매체 속에서 의미의 내파」라는 논문을 보자. 상술한 '내파'의 개념으로 볼 때, 「매체 속에서 의미의 내파」는 당연한 현상이다. 왜냐하면 '내파'는 기본적으로 껍데기에 의해 알맹이가 파괴되는 것으로, 매체라는 껍데기 속에서 '메시지=의미'라는 내용물의 파괴라는 현상을 잘 표현하기 때문이다. 매체들은 '리얼한' 메시지를 전달해야 한다는 강박 속에서 다음과 같은 시뮬라시옹의 과정을 진행시킨다.

"꾸밈없는 인터뷰, 말, 청취자 전화, 모든 방향의 참여, 말을 하라는 협박(Simulacres et Simulation p. 121)"[202]

이를 통해서 만들어지는 것은 의미가 아니라 꾸며진 것으로써

---

202) 하태환은 la parole을 '자연스러운 말'로 옮겼으나 나는 '말'로 옮긴다.

의미의 하이퍼-리얼리티이다. 이러한 '말을 하라는 협박'은 진정한 의미의 의사소통이 아니라 의사소통의 하이퍼-리얼리티를 생산해내는 코드의 반복과 재생산에 불과하며, 이렇게 '꾸밈없는 인터뷰'나 '시청자 참여'는 아주 요란법석을 떨지만, 결국 코드와 모델을 털끝만큼도 바꾸지 못하고 결국 코드의 재생산에 포섭된다는 점에서 무의미한 행위이다. 대중매체의 이와 같은 작용을 통해서 오히려 진정한 의미에서의 '메시지'는 사라진다. 왜냐하면 '꾸밈없는 인터뷰'나 '시청자 참여'를 통해서 매개/직접성, 발신자/수신자, 자연/인위, 진실/허위, 통제/자율 등의 모든 의미를 생산해내는 대립 극들이 뫼비우스의 띠를 이루며 구분되지 않기 때문이다. "대립 극들이 하나가 다른 하나 속으로 흡수되기, … 구별 짓던 용어들의 뭉개짐, 따라서 둘 사이에서 혹은 하나에서 다른 하나로의 모든 변증법적인 간섭이나 모든 중개 작용이 불가능하게 된다."[203] 이는 보드리야르가 맥루한의 '미디어는 메시지다'라는 공식을 응용하는 방식이다. 보드리야르는 다음과 같이 쓰고 있다.

---

203) Simulacres et Simulation, p. 125

"이 공식의 의미는, 의미적인 모든 내용물은 매체의 유일 지배적인 형태 속으로 흡수된다는 것이다. 매체만이 사건을 만든다."[204]

이 인용문에서 보듯이, 매체만이 '사건'을 만들고 따라서 체계의 통제를 벗어난 '사건'은 존재하지 않는다. 이런 의미에서 매체 속에서 의미=메시지의 '내파'는 곧 저지-시스템의 완성이다. 매체가 '꾸밈없는 인터뷰'와 '시청자 참여'를 통해서 제도를 부정하는 듯하지만, 결국 관객을 배우로 만든다는 반-연극도 연극의 일종이기에, 코드와 모델을 재생산하는 데에 시청자를 사용할 뿐인 이러한 부정의 몸짓은 오히려 부정적인 것을 제도에 통합하는 것일 뿐이다.

이와 같이 대중매체가 송신하는 정보는 사실은 '의미=메시지'를 상실한 정보일 뿐이다. 보드리야르는 정보와 의미의 관계에 대한 세 가지 가설을 소개한다. 그 첫 번째 가설은 정보가 의미를 생산한다는 평범한 자유주의적인 이론이다. 이러한 이론은 '근본으로부터 생산성에 호소'한다.[205] 두 번째는 정보와 의미작용은 서로 완전히 독립적이며, 따라서 정보와 의미의 생성

---

204) Simulacres et Simulation, p. 123
205) Simulacres et Simulation, p. 119

은 아무런 관계가 없다는 가설이다. 이것은 샤논(Claude Elwood Shannon)의 이론에 영향을 받은 것으로써 정보는 가치판단에 연루되지 않는 '순수한' 것이라는 주장이다. 세 번째 가정은 정보가 의미작용의 파괴자라는 주장이다.

보드리야르는 상식이 첫 번째 가정을 따른다고 말한다. 사회화는 매체의 메시지에 노출된 정도에 의해 측정되기에, 상식 속에서 사람들은 정보의 과잉생산을 통해 의미를 과잉생산해서 이렇게 생산된 의미에 사람들을 노출해야 한다고 말한다. 마치 자본주의에 있어서 생산의 확대를 통해 사람들에게 분배되는 부가 늘어날 것이라고 기대하듯이.

"어디서든 정보는 의미의 가속된 순환, 자본의 가속된 회전으로부터 오는 경제적인 부가가치와 등질적인 의미의 부가가치를 생산하는 것으로 간주된다. 정보란 의사소통의 창조자로 주어지고, 비록 그 낭비가 막대하다 하여도, 전체적으로는 의미의 잉여분이 있어서, 이 잉여분을 모든 사회적인 것의 틈들(interstices)에 재분배하기를 일반적인 동의는 바란다."**206**

---

206) Simulacres et Simulation pp. 120~121. 하태환은 interstices를 '미세조직'으로 번역했으나 나는 '틈'으로 번역했다.)

그런데 보드리야르는 이와 같은 주장이 일종의 '신화'라고 말한다. 왜냐하면, 앞에서 말한 시뮬라시옹의 과정을 통해서 '매체 속에서 의미의 내파'가 일어나기 때문이다. 이러한 '시청자 참여'와 '꾸밈없는 인터뷰'의 과정에서 대중매체가 송신하는 정보는 자연/인위, 진실/허위, 통제/자율 등의 모든 이분법이 작동하지 않는 것이 된다. 즉 대중매체가 송신하는 정보의 의미는 불확실한 것, 즉 불확정적인 것이 된다. 즉 정보를 엔트로피의 '부정'으로 간주하는 사람들과는 달리 보드리야르에게 있어서는 '정보=불확실도'라는 기이한 등식이 성립하는 것이다. 보드리야르는 그럼에도 불구하고 이러한 정보는 불확정적인 것을 지배하는 '모델'과 '코드'에 의해 통제된다고 말한다. 양자역학에서 불확정적인 것이 미분방정식으로서의 '모델'과 '코드'에 의해 통제되듯이.

대중매체에 의한 의미의 붕괴과정은 또한 사회적인 것 자체의 내파를 함축한다. 왜냐하면, 앞에서 말했듯이 대중매체 사회에서 사회화는 대중매체의 '메시지'에 노출됨으로써 진행되기 때문이다. 이런 의미에서 사회적인 것의 내파는 "기호의 미시적인 수준으로부터 의미의 내파의 거시적 확장에 지나지 않는다."[207] [208]

---

207) Simulacres et Simulation, p. 123

208) "Et ceci n'est que l'extension macroscopique de l'implosion du

즉 매체는 사회적인 것의 '기호'를 마구 내뿜지만 이러한 사회적인 것의 '기호' 속에서 실질적인 사회적인 것은 사라진다. 껍데기 속에서 알맹이가 '내파'되는 것이다.

이와 같은 의미와 사회적인 것의 내파는 어떤 사람에게는 지옥과 같은 것으로, 대재난적인 것으로 받아들여질 수 있다. 그런데 이와 같은 주장은 의미의 사회적 의사소통의 이상주의적 관점에서만 가능하다. 그런데 보드리야르는 우리가 이와 같은 이상주의를 포기해야 한다고 말한다.

이러한 내파의 질서는 블랙홀과 같은 특이점으로서 수축의 중심점을 가지며, 이러한 블랙홀은 천체물리학적인 담론에서와 마찬가지로 '사건의 지평선'을 가진다. 천체물리학적인 담론에서 이러한 '사건의 지평선'을 넘어서게 되면, 빛조차도 블랙홀의 중력권을 벗어날 수 없다. 이와 마찬가지로, 내파의 질서에 의해서 형성된 '사건의 지평선'을 넘어서게 되면 모든 의미와 사회적인 것은 이러한 블랙홀로부터 탈출할 수 없으며, 결국 완전히 증발하게 된다. 특히 '매개형식'으로서의 사회적인 것의 붕괴는 개인들의 무매개적

---

sens au niveau microscopique du signe."이 문장을 하태환은 "이것은 의미의 함열을 기호의 현미경적인 차원으로 거대하게 팽창하는 것일 따름이다."라고 옮기고 있는데 이는 명백한 오역이다.

결합으로서 대중 덩어리의 형성을 유도한다.

"의미 너머에는 의미의 중화와 내파로부터 유래하는 미혹이 있다. 사회적인 것의 지평 너머에는 사회적인 것의 중화와 내 파로부터 기인한 대중 덩어리들이 있다."[209]

따라서 보드리야르는 매체의 미혹에 의한 의미에의 도전과 육 중한 대중 덩어리에 의한 의미에의 도전이라는 '이중적인 도전'[210] 이 존재한다고 말한다. 따라서 '의미'에의 도전이라는 측면에서 대중과 매체는 서로 결합된다. 그렇다면 매체는 의미의 파괴와 미혹이라는 점에 있어서 대중들의 편인가? 아니면 매체는 대중 조작에 있어서 권력의 편인가? 보드리야르는 이에 대해 매체들 이 '뫼비우스적이고 순환적인 어떤 논리에 따라'[211] 권력을 보존 하는 시뮬라시옹과 권력을 파괴하는 시뮬라시옹을 동시에 운반 한다고 말한다. 말하자면 권력-보존적인 시뮬라시옹은 그 극단 에 이르러 권력-파괴적인 시뮬라시옹이 되고 권력-파괴적인 시

---

209) Simulacres et Simulation, p. 126
210) Simulacres et Simulation, p. 126
211) Simulacres et Simulation, p. 127

뮬라시옹은 그 극단에 이르러 권력-보존적인 시뮬라시옹이 되는 '뫼비우스적이고 순환적인' 논리가 작동되는 것이다. 이와 같은 이원론의 극복은 '내파'와 즉각적으로 연관되는데, 어떤 것의 알맹이로서의 의미를 파괴한다는 것은 어떤 것과 그것이 아닌 것이라는 이항대립 자체를 파괴함을 통해서 가능하기 때문이다. 이와 같은 파괴 속에서 모든 것이 자신의 알맹이를 잃어버린 채, "자신의 추방된 형태 속에서 살아남기 위하여, 자신의 반대 용어로 변신한다."[212] 이와 같은 뫼비우스의 띠를 이루는 운동은 표면적인 껍질만을 남겨두고 심층적 실재를 모두 증발시키는 시뮬라시옹의 논리 그 자체를 보여주고 있다.

---

212) Simulacres et Simulation, p. 35

5. 보부르와 문화의 죽음

보드리야르의 『시뮬라시옹』에 실려 있는「보부르: 내파와 저지」는 저지와 내파, 시뮬라시옹 사이의 밀접한 관계를 '문화의 죽음'을 통해서 탐구하고 있다. 보드리야르에 의하면 보부르라는 건축물은 그 위상학적 구조를 통해 서구문화의 죽음을 즉물적으로 보여주고 있다. 보부르는 그 겉면에 기술 문명을 상징하는 '흐름과 기호로, 그물망과 순환으로 된' 앙상한 뼈대를 설치하고, 내면으로 갈수록 더욱더 '문화적인 것'을 배치한다. 이를 통해 이 건축물은 문화를 심층(알맹이)로, 기술 문명을 표면(껍데기)으로 갖는 서구 문명의 구조를 잘 보여주고 있다. 그런데 보드리야르에 의하면 보부르에 전시되는 '문화'는 이미 죽은 문화이다. 따라서 결과적으로 이 건축물은 기술 문명 속에서 '문화'의 '내파'를 가장 잘 보여주는 건축물이다.

또한, 이 건물의 표면으로 갈수록 모든 것은 빠르게 순환한다. 즉, "안으로 박히면 박힐수록, 덜 순환한다."[213] 우리는 이를 통해 기술 문명의 질서가 속도와 순환의 질서라는 사실을 알 수 있다.

---

213) Simulacres et Simulation, p. 94

그런데 보드리야르는 보부르에 전시되는 문화가 이미 죽어버린 문화라고 말한다. 보드리야르에 의하면 이러한 건축의 겉봉투에 상응하는 것은 '내부의 공허함'[214]이고, 이렇게 보부르에 전시되는 문화가 '철 지난 혼수상태'[215]에 있는 것처럼 보이는 것은 서구문화가 실제로 끝났기 때문이다. 즉 보부르는 표면적인 기술 문명의 질서에 의한 심층적 실재로서의 문화 자체의 내파를 보여준다. 그런데 사람들은 이러한 문화의 죽음을 받아들일 수 없기에 문화를 하이퍼-리얼리티로써 박제된 상태로 부활시킨다. 그런데 이로 인해 오히려 문화의 죽음은 돌이킬 수 없는 것이 된다.

"이러한 죽음을 당당히 받아들이고, 그 당시 에펠 탑의 남근적 허무함과 등가인 기념물 혹은 반기념물을 세워야 하는데도 불구하고, 보부르는 감탄할 만큼, 그러나 부끄럽게도 이 죽은 문화를 다시 살려 서술한다. 완전히 토막토막 끊긴 기념물, 하이퍼-리얼리티의 기념물, 문화의 내파적 기념물, 이는 사실 오늘날 거대한 급속 절단이 항상 노리고 있는 변환회로

---

214) Simulacres et Simulation, p. 96
215) Simulacres et Simulation, p. 96

로 만들어진 문화이다."**216**

보부르의 문화는 세자르(César Baldaccini)**217**식 압축으로서 으깨지고 짓이겨진, 응축되어 알맹이가 파괴된, 즉 내파된 문화이다. 실제로 보부르는 세자르나 텡글리**218**의 반–문화를 전시함으로써 역설적으로 이미 사망한 문화를 참조하게 하지만, "다행히도, 문화적 가치의 이 모든 시뮬라크르는 외적인 건축에 의하여 미리 제거된다."**219**

또한, 보부르는 앞에서도 보았듯이 우리를 지배하는 테크놀로지의 질서는 순환과 가속화의 질서라는 점을 보여준다. 이러한 순환과 가속화의 질서 속에서 총체적, 보편적 의미의 질서로서의 '문화'는 '파편화=해체'되어 흩어지고 하이퍼–리얼리티로서 재결

---

216) Simulacres et Simulation, p. 96

217) 세자르 발다치니는 프랑스 누보레알리즘의 대표적 조각가로, 그의 고물 자동차 압축은 내면적인 것을 추구하는 추상예술에 대한 비판과 함께 질료로서의 금속을 강조함으로써 소설에서의 발라드와 마찬가지로 '금속화된' 세계를 표현하고 있다.

218) 텡글리는 스위스의 조각가로 키네틱 아트 혹은 메타–메카닉스로 유명한데, 그 중에서도 「Homage to New york」은 "일시적이고 스스로 파괴되는 기계"로 유명하다.

219) Simulacres et Simulation, p. 97

합한다. (여기서 '보편적'이란 한 사회 내에서의 보편성을 의미한다.)
왜냐하면, 본래적인 '문화'는 기본적으로 속도에 저항하는 성격을
가지고 있으며 발전된 기술 문명으로 인해 흐름이 생성되고 순환
되는 속도가 너무 빨라서 총체적, 보편적 의미의 질서로써 '문화'
가 그것을 통제할 수 없기 때문이다. 보드리야르는 다음과 같이
쓰고 있다.

"근본적으로 우리의 유일한 문화는, 탄화수소와 석유정제와
석유분해 증류의 그것으로서, 문화분자들을 잘게 부숴 그들
을 종합적 산물로 재결합한다."[220]

이런 의미에서 보부르는 그 건축의도와는 달리, 문화의 숭고
함과 소중함을 보여주는 것이 아니라 기술 문명 속에서 해체되
고 침식되고 내파되어 가는 문화의 모습을 즉물적으로 보여준
다. 보부르는 이런 의미에서 '문화적 에너지를 흡수하고 삼켜 버
리는'[221] 문화의 소각장이다.

이렇게 보부르의 '문화'가 사실 문화의 죽음을 나타낼 뿐이라면

220) Simulacres et Simulation, p. 97
221) Simulacres et Simulation, p. 93

보부르는 어떤 내용물을 가졌어야 했을까? 보드리야르는 이 문제 설정 자체가 잘못된 것임을 지적한다. 왜냐하면, 오늘날의 서구는 안과 밖이 구분되지 않는 뫼비우스의 띠를 이루고 있으며, 보부르는 그 내용물들이 파괴되고 제거되어 버림에 따라 이러한 서구의 상태를 지시하고 있다. 즉 보부르는 공식적인 계획에서와는 달리 용기와 내용물의 구분, 혹은 기호 표시소와 그 의미소의 구별을 불가능하게 하는 서구의 현재 질서를 잘 나타내고 있다. 즉 기호들의 질서이자 '흐름과 관의 질서'[222]로써 외면적 질서는 내면적인 의미의 질서로서 문화를 내파시킬 뿐만 아니라 궁극적으로 외면적 질서에 맞게 문화를 변형시켜 부활시킨다.

또한, 보부르는 지식인들과 예술가들을 동원하여 문화의 '자율성'이 존재하는 듯이, 더 나아가 문화가 살아 있는 듯이 말하지만, 이러한 작업은 그 박물관적 시나리오 밑에서 실제로는 문화를 박제하여 죽이는 작업이다.

이렇게 동원된 예술가와 지식인들의 대중에 대한 '교화'와 '계몽'의 시도에 대해 대중들은 '모든 것을 잡고, 모든 것을 약탈하고, 모든 것을 게걸스럽게 먹어치우고, 모든 것을 조작'함으로써 답한

---

222) Simulacres et Simulation, p. 100

다.[223]이러한 대중들의 짓밟음과 약탈에 의해 그나마 남아있던 희박한 문화적 내용물들은 완전히 제거된다. 이러한 대중들에 의한 문화의 살해는 이미 기술 문명에 의한 문화의 '내파'를 급진화하여 문화를 완전히 파괴하는 작업이다.

그런데 사실 대중들을 흐름으로써, 등질적인 '덩어리'로서 생산해내는 것도 바로 보부르이다. 보부르는 문화적 대상들의 저장고 역할을 하는데, 보드리야르에 의하면 이러한 대상들의 저장은 문명화된 사회에서 인간들의 저장을 유발한다. 이러한 인간들의 저장을 통해 대중 덩어리가 생산된다. 보드리야르는 다음과 같이 쓰고 있다.

"… 박물관은 여전히 기억이다. 결코 여기서처럼 문화가 저장과 기능적 재분배를 위하여 그의 기억을 상실해버리지 않는다. 그러면 이것은 더 일반적인 사실을 번역해준다. 즉 '문명화된' 사회 어디서고 대상들의 저장은 인간들의 저장이라는 부차적인 과정을 유발한다는 사실. 줄서기, 기다리기, 막히기, 집중, 캠프. 이게 바로 '대중 덩어리' 생산이다."[224]

---

223) Simulacres et Simulation, p. 106
224) Simulacres et Simulation, p. 103

보부르는 이처럼 인간과 사물을 똑같이 대한다. 이 건축물은 인간들을 전통적인 유체와 마찬가지로 다룬다. 즉, 이 건물은 대중들을 "정제소에서 원재료를 가지고 … 하나의 흐름을 만들 듯이 취급한다."[225] 말하자면 보부르는 '문화의 거대시장'으로써 테스트, 여론조사, 방향 지어진 설문을 통해 이러한 질문에 대한 대답으로서 보부르를 찾게 하며 보부르는 거대시장과 마찬가지로 표면적인 신호의 체계를 통해 이러한 대중들의 거대한 흐름을 순환의 질서에 가둠으로써 대중들을 통제한다. 말하자면 보부르는 대중들을 '트랜지스터화된 흐름의 상태'[226]로 바꾸어 놓는 것이다.[227] 즉 보부르는 가속화된 흐름과 순환의 질서를 파괴하거나 정지시키는 '사건'의 도래를 불가능하게 하는 기술 문명의 저지-시스템을 잘 보여준다. 이와 같이 기호나 이미지로서의 '신호'를 통해 모든 것이 통제된다는 점에서 이 저지-시스템은 시뮬라시옹의 시스템이기도 하다. 그뿐만 아니라 보부르는 다음과 같은 특징을 거대시장과 공유한다.

---

225) Simulacres et Simulation, p. 102

226) Simulacres et Simulation, p. 103

227) 하태환은 flux transistorisé를 '회로에 적합하게 변환된 흐름'이라고 옮겼으나 나는 '트랜지스터화된 흐름'이라고 옮긴다.

"인간의 육체와 사회생활의(노동, 여가들, 대중매체, 문화) 모든 흩어진 기능들을 동질적인 하나의 공간-시간 속에서 다시 전체화하기. 통합된 회로적 용어로는 모든 상호 모순적인 흐름들을 다시 다른 하나의 공존적인 성격의 흐름으로 변환하여 옮기기. 사회생활의 모든 조작적인 시뮬라시옹으로 된 공간-시간."[228]

모든 기능들의 통합은 구체적인 기능들을 '동질적인 하나의 공간-시간 속에서 전체화'하여 추상적인 코드에 복종시키고 이러한 코드에 맞게 구체적인 하이퍼-리얼리티로서 '사회생활'을 생산해낸다는 점에서 시뮬라시옹의 작업이다. 대중들을 회로에 적합한 형태로 바꾸기 위해서도 대중들을 등질적이고 무매개화된 비형식적인 흐름으로써 '대중 덩어리'로 생산해내야 한다. 이와 같은 과정에서 등질적인 추상량으로 구성된 대중-모델이 탄생하며 이러한 추상적 모델에 맞게 대중 덩어리가 산출된다는 점에서 이 작업 또한 시뮬라시옹이다. 이와 같은 시뮬라시옹의 과정을 통해서 모든 것은 통제되어 '저지'된다.

---

228) Simulacres et Simulation, p. 102

등질화된 비형식적이고 무매개적인 '대중 덩어리'의 상태에서는 매개형식으로써의 '사회적인 것'이 종말을 고한다. 이와 같은 대중 덩어리는 무의미의 중심이고 내파적인 격렬함의 중심이다. '대중 덩어리는 모든 사회적인 것이 내파하러 오는'[229] 장소인 것이다.

대중 덩어리에 의해 문화는, 의미의 질서로서 문화는 강간당하고 완전히 파괴당한다. 이렇게 대중들은 대중들을 교화함으로써 문화가 살아있다고 대중들을 세뇌하길 원하는 지식인들과 예술가들의 의도를 넘어서고 이러한 대중들에 의해 문화는 완전히 파괴된다. 보드리야르는 다음과 같이 쓰고 있다.

"조작자들(그리고 예술가들과 지식인들)은 이 통제불능의 변덕에 질겁을 한다. 왜냐하면, 그들은 문화적 광경에만 대중들을 견습시킬 것을 예측하기 때문이다. 그들은 결코 이러한 능동적이고 파괴적인 미혹, 즉 이해할 수 없는 어떤 문화의 선물에다 준 거칠고 원색적인 대답을, 어떤 성스러운 장소를 침입하고 강간하는 것의 모든 특징을 갖춘 인력을 예측하지 못한다."*230*

229) Simulacres et Simulation, p. 104

230) Simulacres et Simulation, p. 106

이런 의미에서 흐름으로서의 대중들은 사회적 통제화의 시스템에 의해 직접적으로 생산되는 존재이지만, 동시에 직접적으로 문화의 '위기적이고 결정적인 변환자'[231]의 역할을 한다. 이렇게 문화에 의해 길들고 지식인들이나 예술가들에 의해 '계도'되어야 할 존재였던 대중들은 드디어 자신을 길들여왔던 문화를 살해하는 '문화의 사형집행인'[232]이 되어 지식인과 예술가들에게 복수한다. 그리고 이러한 복수는 어떠한 매개도 없이 직접적인 실행으로써 나타난다. 그리고 대중들의 직접적인 조작을 통해 문화는 '물리적으로' 파괴된다.

그리고 이러한 대중들을 생산해내는 저지-시스템, 즉 대중들의 흐름을 통제하고 이러한 대중들의 순환을 정지시키는 '사건'이 발생하지 못하도록 작동하는 저지-시스템, 즉 기술 문명의 저지-시스템에 의해 문화는 '내파'된다.

---

231) Simulacres et Simulation, p. 130
232) Simulacres et Simulation, p. 126

6. 광고에 대하여

광고는 이러한 '의미'의 내파와 심층적인 실재의 종말을 잘 보여준다. 「절대적 광고, 제로 광고」라는 『시뮬라시옹』에 실린 논문을 보자. 광고는 분절되고 의미화된 언어들에 속하는 깊은 의미를 제거하여 추상량 혹은 강도(Intensity)로 환원시킨다. 광고는 '표면적인 집약적 강도'의 언어인 것이다.[233] 즉 광고는 음의 높이나 강세, 속도 등의 강도들로 모든 것을 환원하는 수학적 분석에 기초한다. 말하자면 광고는 모든 의미화된 언어들의 '최소공약수'이고, 그렇기 때문에 무의미하다는 점에서 '의미의 0도'를 지시한다. 광고는 절대적으로 표면적이며 '언어의 겹뜨기'로써 보드리야르는 광고가 의미의 진짜 작동 위에서 작동하는 언어학이나 기호학의 대상이 될 수 없음을 말한다. 차라리 광고언어는 강도의 물리적이고 수학적인 언어이다.

그런데 보드리야르에 의하면 우리가 살고 있는 시대가 '광고 양식 속으로 잠재적인 모든 표현 양식이 흡수되는' 시대라고 말한다. 그리고 광고는 그 발달과정에서 다른 표현양식들을 흡수해왔다.

233) Simulacres et Simulation, p. 156

처음에 광고와 정치선전은 별개였으나, 점차로 정치선전이 정치이념과 정당, 정치인들을 '상표 이미지'를 통해서 상품화함으로써 광고로 흡수된다. 그뿐만 아니라 사회적인 것의 언어는 본래 혁명적인 것이었으나, 이제 사회적인 것도 이제 수요에 따라 '공급'하는 것이 됨에 따라 광고에 흡수되게 된다.

그런데 보드리야르는 광고보다 더 강력한 정보언어의 지배에 의해 광고도 변용을 겪게 될 것이라고 말한다. 정보언어가 더 강력한 것은 정보언어 역시 '추상량의 언어'로써 자기 자신에 의해 '모든 담론을 결합하여 상호균등하게' 만듦으로써 기호들, 신호들, 슬로건들을 등질적으로 만드는 역할을 광고언어보다 더 효율적으로 수행하기 때문이다. 이를 통해 모든 담론이 하나의 추상적 언어 속에서 소통 가능하고 번역 가능하게 된다. 보드리야르는 다음과 같이 쓰고 있다.

"… 이러한 모델은 이 세기말의 지평선 위에 뚜렷이 모습을 드러내는 자기적 띠에 의하여, 전자적인 연속체에 의해, 광고 모델의 본질인 바로 그 시뮬라시옹의 기능 속에서 광범하게 추월되었다."**234**

　정보언어는 그 자체로는 의미가 불확실하다는 점에서 무의미한
데, 이러한 정보언어는 오늘날 극도로 효율적으로 모든 담론을 추
상적인 언어 속에서 번역한다. 이를 통해 고립되었던 기호체계들
이 정보언어에 의해 관통되는데, 이렇게 정보언어의 무의미성이
전(全) 사회를 지배함에 따라, 사람들이 정보에 부여하는 공통적
인 의미나 의미작용이 상실된다. 따라서 대중매체가 제공하는 정
보가 함축하는 공통적인 '메시지'에의 노출에 의해 측정되는 사회
성에 근거한 사회적인 것은 붕괴하게 된다. 이와 같은 정보언어가
광고를 지배함에 따라 오늘날 광고는 '사회적인 것의 선동' 속에서
역설적으로 사회적인 것의 '내파'를 가속화하는 역할을 하게 된다.
즉 정보언어와 광고에 의해 우리에게 사회적인 것의 껍데기로서
사회적인 것의 '기호'만이 남았고 사회적인 것의 알맹이는 사라지
게 된다.

　"각각의 광고가 어떤 잉여가치를 생산하려 하는지를 보라.

---

234) Simulacres et Simulation, p. 134

'봄, 봄' 하는 여자 아나운서의 따뜻하고 핏기 없는 목소리 속
에서, 소리 띠의 묵직하면서도 날카로운 소리 속에서, 우리
눈 아래 어디서나 뛰어다니는 이미지-띠의 다양한 색조들 속
에서, 벽들의 어디에나 있는 사회적인 것의 선동"[235]

광고 또한 고립된 기호체계를 소통시키고 번역시킨다는 점에서
정보언어를 통해 극단적으로 드러난 '사회적인 것의 내파'의 '첫
번째 전조'이다.

"광고는 이것의 첫 번째 전조이다. … 그 무감각 속에서 각각
고립된 기호들을 끊임없이 연결한 최초의 윤곽이다."[236]

「매체 속에서 의미의 내파」라는 논문에서 나타난 '정보'에 의한
의미와 사회적인 것의 내파는 「절대적 광고, 제로 광고」에서도 나
타나는 것이다. 이런 점에서 보면 보드리야르의 텍스트들은 일관
적인 논리를 가지고 있다.

---

235) Simulacres et Simulation, p. 133
236) Simulacres et Simulation, p. 137, 하태환은 préfiguration premiére
를 '서곡'으로 옮겼는데 나는 '첫 번째 전조'로 옮겼다)

7. 『크래시』와 기술 매체의 철학

보드리야르에 의하면 제임스 G. 발라드 (James G. Ballard)의 『크래시』는 모두에게 일상화될 시뮬라시옹의 세계를 잘 보여주는 '세계 최초의 걸작'이다.[237] 보드리야르는 이 소설에 대한 분석에 『시뮬라시옹』의 한 장을 할애하고 있다.[238] 보드리야르는 이 작품이 '작가의 비판적 의도'를 넘어서는 초비판적인 작품으로, '낡은 세계의 기능성의 일부'[239]인 비판적이고 도덕적인 판단을 넘어서 있다고 말한다. 이와 같은 과거 세계와의 전면적인 단절을 상징하며 새로운 시뮬라시옹의 세계의 도래를 알리고 있는 소설에 대해 분석하는 것은 중요한 일이다.

내가 보기에 이 소설은 우선 우리가 살아기고 살아가게 될 사회를 '충돌'의 기술적 존재론으로 분석하고 있는 작품이다. 이 작품의 제목이기도 한 '충돌'은 일차적으로 '마주침'의 폭력적인 형태로써 대중매체에서 반복되어 나타나는 '사건'이나 '사고'를 가리킨다. 이것은 '마주침의 유물론'인가? 그렇지는 않은데, 왜냐하면

---

237) Simulacres et Simulation, p. 175
238) Simulacres et Simulation, pp. 163~176
239) Simulacres et Simulation, p. 175

이러한 '사건'이나 '사고'는 시뮬라시옹의 연장이며, 따라서 코드와 모델의 통제를 따르기 때문이다. 들뢰즈적인 '마주침의 유물론'에서 '마주침'은 지층에서 벗어나게 하는 반면에 발라드의 소설 속에서 '사건'이나 '사고'는 그 자체로 지층의 일부가 된다. 발라드는 다음과 같이 쓰고 있다.

> "차 사고가 많이 일어나면 50년 안에 유리 조각은 큰 방해물이 될 것이고, 30년이 되기 전에 날카로운 유리 해안이 생겨날 것이다. 물건을 줍는 새로운 종족이 등장하여 이 부서져 내린 앞 유리 더미 위에 쭈그리고 앉아 있다가, 담배꽁초, 쓰고 버린 콘돔, 흩어진 동전을 주우려고 몸을 움직일 것이다. 교통사고의 시대가 만들어낸 새로운 지질층 아래에는 화석나무속에서 유리화된 엽흔처럼 이름 모를 나의 죽음은 묻히게 될 것이다."[240]

이 인용문은 있는 그대로 해석하기보다는 은유적으로 해석되어야 한다. 인간은 테크놀로지가 생성해내는 지층에 깔려 숨을

---

240) 제임스 G. 발라드, 김미정 옮김, 『크래시』, 그책, 2013, 75쪽

쉬지 못하게 된다. 이와 같이 '사건'이나 '사고'는 체계적으로 양산되고 이러한 '사건'이나 '사고'의 홍수 속에서 인간 주체는 사라지게 된다. 이 소설의 화자는 본에게 "사고를 줄이려고 저러는 거지, 늘리려고 저러는 게 아니죠."[241]라고 말하지만, 본은 그것은 관점의 문제라고 말하면서 은연중에 시스템이 '사건'이나 '사고'의 생산에 기여함을 이야기한다. 이것은 물론 시스템이 '의도적으로' '사건'이나 '사고'를 만들어낸다는 것을 의미하지 않는다. 그리고 이러한 '사고'와 '사건'은 대중매체를 굴러가게 하므로 대중매체 시스템을 그 핵심적 부분으로 갖는 총체적 시스템이 굴러가게 한다. 이런 의미에서 (총체적) 시스템에서 순기능/역기능의 구별은 없고, 시스템의 순기능은 그 극한에 이르러 '사건'과 '사고'를 생산해내는 역기능이 되고 이러한 역기능은 시스템을 잘 굴러가게 한다는 점에서 하나의 순기능이 된다. 특히 역기능이 순기능이 된다는 점이 중요하다. 보드리야르가 『소비의 사회』에서 인용하고 있는 맨드빌의 『꿀벌의 우화』에서 볼 수 있듯이 '사회가 균형을 유지하는 것은 미덕에 의해서가 아니라 악에 의해서이며, 사회평화, 진보 및 인류의 행복은 … 부도덕함에 의해 획득'된

241) 『크래시』, 166쪽

다.[242] 즉 시스템이 잘 굴러가고 번영하는 것은 "악한 것 그 자체에 의한 것이다."[243] 이렇게 시스템의 작동의 필연적 산물이자 시스템의 작동을 가능케 하는 '사회악'으로서 인간과 인간, 인간과 사물 사이의 충돌인 '사건'이나 '사고'는 시스템의 코드에 의해 철저하게 통제받는다. 이런 의미에서 발라드는 다음과 같이 쓴다.

"아내의 세련된 눈에는 이미 내가 감정에 호소하는 일종의 카세트 플레이어가 되어가는 중이었을 것이다. 내 자리를 우리 삶의 언저리를 밝히는 모든 고통과 폭력의 장으로 대체시키는 카세트 플레이어 말이다. 우리가 서로에게 자위해 줄 때 침실에 있던 컬러 TV에서 어렴풋이 본 전쟁과 학생 폭동, 자연재해와 경찰의 폭력성을 보도하던 뉴스와 영화 같은 우리네 삶. 이러한 폭력은 여러 단계를 거치며 우리의 성행위와 점점 긴밀한 관계를 맺었다.[...]내 가슴을 옥죄며 달아오른 미주 신경조차도 TV 프로그램과 뉴스, 잡지 속에 등장하는 누그러지고 길들여진 폭력이라는 현실세계의 연장처럼 보였다."[244]

---

242) 장 보드리야르, 이상률 옮김, 『소비의 사회』, 문예출판사, 2014, 46쪽
243) 『소비의 사회』, 46쪽
244) 『크래시』, 48~49쪽

이와 같이 인간과 인간, 인간과 사물 사이의 폭력적인 충돌로서 '사건'이나 '사고'는 대중매체에 의해 길들고 누그러진다. 그리고 대중매체가 작동하는 데에 '사건'이나 '사고'가 필수적이고 대중매체가 사회를 지배함에 따라 이러한 '사건'이나 '사고'는 더는 사회의 주변부에서 발생하는 것이 아니게 된다. 사건이나 사고는 오히려 사회의 핵심부에 존재하게 되고 사회가 이러한 대중매체화된 사고나 사건을 중심으로 회전하게 된다. 보드리야르의 말대로 '사건'이나 '사고'는 이제 예외가 아닌 규칙이 되어버렸다.

또한, 우리는 이 인용문에서 인간과 인간, 인간과 자연 사이의 충돌보다 더 중요한 것은 테크놀로지와 인간의 충돌임을 알 수 있다. 이러한 테크놀로지의 폭력, 이 경우에 있어서는 기술적 대중매체의 폭력이 인간의 신체에 변형을 가하게 되며, 더 나아가 인간과 인간 사이의 충돌로써 섹스를 촉발하고 규정짓는다. 또한, 인간과 인간, 인간과 자연 사이의 충돌로써 '사건'이나 '사고'를 길들이는 것도 대중매체의 인간 신체에 대한 폭력이다. 이렇게 인간과 인간 사이의 충돌을 규정하고 조건 짓는 것은 테크놀로지와 인간 신체의 충돌이다.

이러한 관점은 기술에 대한 기존의 통념을 파괴한다. 마르크스로부터 시작된 전통적인 기술관에 있어서 기술은 단지 인간 신체의 연장으로서 '인간의 유기체적 신체가 되도록 운명지어진'[245] 매개체에 불과한데, 『크래시』에서 기술은 인간의 신체를 변형하고 파괴하며 인간의 신체에 종속된 존재가 아니라 인간 신체와 상호작용하는 존재이다. 이와 같이 인간과 테크놀로지가 상호작용을 한다는 의미에서 능동과 수동의 구별은 없다.

이 소설에서 이와 같은 인간과 기술적 사물 사이의 '충돌'은 매우 중요한 것으로서 이러한 충돌을 통해서 발생하는 '흉터'는 '기술적 흉터에 종속한 신체(un corps … soumis … à la cicatrice technique)'[246]를 구성한다. 이 책에서 이러한 흉터의 생산은 그 자체로 성욕을 자극하며, 흉터는 하나의 '신체기호'가 된다. 발라드는 다음과 같이 쓰고 있다.

245) Simulacres et Simulation, p. 163
246) Simulacres et Simulation, p. 164

"이번에는 답례로 그녀가 내 흉터를 찾으며 우리가 당한 두 건의 충돌 사고로 이 욕정적 코드를 함께 해독했다."[247]
"나는 내 몸과 본의 몸에 난 흉터에 대해 생각했다. … 흉터 는 … 그들 미래의 성적 가능성을 위한 접촉 지점이었다."[248]

그리고 섹스는 흉터를 포함한 신체기호와 기술적 요소들을 조 합하고 배치하는 활동이 된다. 보드리야르는 이런 의미에서 『크 래시』에서의 섹스가 '아나그램적' 유희라고 말한다. 여기서 아나그 램(anagram)은 단어의 철자를 새롭게 조합해서 다른 단어를 만 들어내는 게임을 의미한다. 오늘날 우리는 기술적 매체의 폭력에 의해 신체에 새겨지는 상처를 입게 되며, 이러한 상처는 비가시 적인 혹은 정서적인 각인인 경우도 있다. 이 비가시적인 혹은 정 서적인 각인의 경우에도 신체가 움직이는 방식에 영향을 끼친다. 어찌 되었든 이러한 상처가 특이점을 형성하게 되면 일종의 신체 기호를 이루게 되며, 상처들과 기술적 요소들을 포함한 기호들 을 '아나그램적으로' 배열하는 것이 우리의 삶의 활동이 된다. 이 것은 원시사회에서 신체에 새겨진 상처로써의 각인이 매우 중요

---

247) 『크래시』, 238쪽
248) 『크래시』, 209쪽

한 사회적 역할을 하는 것과 같다. 이런 의미에서 현대사회는 원시사회로 회귀하는 것이다.

이 소설에서 섹스는 수없이 많이 다루어지지만, 오히려 이 소설은 정신분석학적인 의미에서 인간의 본질로서 성적 욕망을 해체한다. 『크래시』는 섹스가 아니라 오히려 기술적 사물이 우리에게 가하는 폭력과 이러한 폭력의 흔적을 배열하고 배치하고 충돌시키면서 이루어지는 인간 활동에 관해 탐구하는 저작이라고 볼 수 있다. 이런 의미에서 이 소설에서 '성적', '욕망'은 인간 본성이 아니라 신체기호들을 혼합하고 교환하며 배열하고 배치하는 새로운 가능성에 관한 탐구이다. 발라드는 "앞뒤가 맞는 말은 아니겠지만, 우리가 했던 섹스는 성욕이 배제된 것이었다."[249]라고 말하고 있는데 이는 절묘하다. 이런 의미에서 이 소설은 정신분석학적인 의미에서의 성과 에로티시즘에 관한 탐구가 아니라, 오히려 성에게서 특권적 지위를 박탈하는 작업이다. 테크놀로지가 더 중요하다. 테크놀로지가 섹스를 지배한다. 발라드는 다음과 같이 쓰고 있다.

---

249) 『크래시』, 282쪽

"우리가 공유하는 테크놀로지의 꿈이라는 금속화된 흥분은 이제 아내의 체위까지 지배했다."[250]

기능적이고 기관적이며 우리가 욕망의 자연발생적 형태라고 굳게 믿고 있는 성은 말하자면 무수히 많은 신체기호와 기술적 요소들의 결합과 배치의 한 사례에 불과하다. 그리고 '금속화된' 테크놀로지가 이러한 결합, 조합, 배치를 가능하게 한다.

인용문에서와 같이 이렇게 테크놀로지가 지배하는 세계는 크롬들의 '금속화된 흥분'이 지배하는 세계이다. 이렇게 금속화된 세계는 '비-의미, 즉 신체와 기술의 … 섞음의 원시성'[251]의 세계이다. 보드리야르에 의하면 이 소설에서 물리도록 반복해서 등장하는 성교는 심오하고 관능적인 의미를 갖지 않으며, 기술적 슈퍼디자인 속에서 금속과 신체의, 의미를 매개로 하지 않은 상호작용만이 존재할 뿐이다.

이렇게 금속적인 것이 지배하는, 의미가 파괴된 세계는 인간적인, 너무나 인간적인 모든 것이 사라지는 세계이기도 하다. 발라드는 이 소설에서 반복되는 섹스가 인간적이지 않고 '미래에서

---

250) 『크래시』, 54쪽
251) Simulacres et Simulation, p. 188

온 반금속체적 인간 두 명이 크롬으로 된 방에서 사랑을 나누는 것'[252]과 유사하다고 말한다. 이 때문에 이 소설에 인간적인 정신분석학적 의미를 주입하는 것은 잘못된 것이다. 더 이상 중요한 것은 인간의 고유성이 아니며, 기술적 '충돌'의 익명성이다. 발라드는 다음과 같이 쓰고 있다.

"본은 나에게는 거의 관심이 없었다. 그가 관심을 보인 건 마흔 살 먹은 TV 광고 프로듀서의 행동이 아니라 익명의 개인과 차 사이에 벌어지는 상호작용이었다."[253]

이 소설 속에서 시뮬라시옹과 코드의 지배는 전면적으로 나타나 있다. 도로 연구 시험소에서 하는 자동차 사고 시뮬레이션(시뮬라시옹, simulation)은 본과 관객들을 흥분시킨다. 그리고 이러한 시뮬라시옹의 과정은 실재보다 더 실제 같은 하이퍼-리얼리티를 생산함으로써 오히려 관객의 현실을 비현실적인 것으로 만든다. 발라드는 다음과 같이 쓰고 있다.

252) 『크래시』, 216쪽
253) 『크래시』, 135쪽

"시끄러운 스피커가 또다시 관중들에게 말을 걸었다. … 이렇게 추악하고 폭력적 시뮬레이션이 충돌을 일으키고, 메탈과 안전유리가 파열되고, 값비싼 인공 기계 산물이 고의적으로 파괴되자 내 머리는 아찔해졌다."[254]

"역할이 전도되는 상황이 몽롱하게 벌어지자, 차에 탄 마네킹보다 우리가 훨씬 더 비현실적으로 보였다."[255]

그뿐만 아니라 본은 끊임없이 자동차 추돌 사고를 머릿속에서 시뮬레이션(시뮬라시옹)하며 자신의 죽음조차도 철저한 계산의 시뮬라시옹을 통해 계획한다. 이런 의미에서 실재가 시뮬라시옹에 선행하는 것이 아니다. 물론 본의 계획은 실패했지만, 이러한 본의 실패한 죽음도 본이 언젠가 머릿속에서 시뮬레이션해 본 것이거나, 도로 연구 시험소에서 수없이 행해진 시뮬레이션이나 대중매체에 의해 반복되는 기호의 재생산으로써 시뮬라시옹의 연장선에 있는 것 아닐까? 이렇게 모든 것은 시뮬라시옹의 연장에 불과하다.

이러한 시뮬라시옹은 자동차 사고의 '아나그램적' 유희에 '대수

---

254) 『크래시』, 169쪽
255) 『크래시』, 173쪽

학적으로' 정교하고 치밀한 코드를 부여하는 것이다. 발라드는 다음과 같이 쓰고 있다.

"나는 본이 다리 위치와 상처 부위를 계산해 놓은 새로운 대수학에 대해 생각하며, 그녀의 허벅지와 무릎뼈, 크롬문틀과 칵테일 캐비닛 뚜껑을 살폈다."[256]

실제로 이 소설에서 본은 과학자이며, 발라드는 "그는 전 세계 교통 시스템을 통제하기 위해 전산화된 기술을 적용하는 연구를 진행했다."라고 쓰고 있다.[257] 이 때문에 그가 머릿속에서 시뮬레이션하는 사고는 주먹구구식이 아니라 정교하게 수학적으로 계산되고 정보공학적으로 프로그래밍된 사고이다. 그뿐만 아니라 그는 예술가이기도 한데, 그는 수학적 코드에 의해 규정된 가능성들을 면밀히 분석하고 이러한 수학적 코드 속에서 요소들의 새로운 배치의 가능성을 발견하는 데에 환희를 느끼는 것 같다. 이러한 신체기호들과 기술적 요소들의 '배치'로써 자동차 사고가 코드화되듯이, 섹스도 코드화된다. 발라드는 다음과 같이 쓰고 있다.

---

256) 『크래시』, 182쪽
257) 『크래시』, 84쪽

"성행위 장면을 찍은 사진, 자동차 라디에이터 그릴과 계기판을 찍은 사진, 팔꿈치와 크롬 창문틀, 성기와 계기판 차양이 맞붙은 사진은 이렇게 불어나는 인공산물이 만들어낸 새로운 논리의 가능성을 압축해서 보여주었고, 새롭게 결합한 감각과 가능성의 코드를 정리해 주었다."**258**

이런 의미에서 섹스는 자연적인 것이 아니라, 인위적인 결합 가능성의 코드를 따른다. 사실 우리가 자연적인 섹스라고 부르는 것은 이러한 시뮬라크르와 시뮬라시옹의 과정에 의해 드러나는 요소들의 배치와 결합가능성의 일부일 뿐이다. 이와 같이 자연적인 섹스는 "일종의 섹스 아나그램화에 의해 완전히 추월된다."**259** 그리고 코드는 모든 것을 지배한다.

사실 이러한 코드화와 시뮬라시옹은 사회 전 영역에서 빠짐없이 일어난다. 발라드는 다음과 같이 그것을 포착해낸다.

---

258) 『크래시』, 143쪽
259) Simulacres et Simulation, p. 169

"소방관들이 차 문을 경첩에서 떼어냈다. 그것을 바닥에 눕히고는 마치 뿔에 받힌 투우사의 조수처럼 나를 내려다보았다. 그들이 하는 아주 사소한 행동까지도 양식화된 것 같았다. 두 사람은 계속 부호와 같은 동작을 하더니 내게 손을 뻗었다. … 이 기괴한 행동조차 양식화된 폭력과 구조라는 측면에서 받아들일 수 있을 것 같았다."[260]

"… 바로 그런 고통스러운 아픔을 겪으니 구급차 의료진과 주유소 직원들이 하는 양식화된 몸짓이 떠올랐다. 저들은 저마다 은밀하게 움직이는 레퍼토리를 지닌다."[261]

이와 같이 '양식화=코드화'는 보편적이며 이것은 자동차 사고에서의 인명구조와 같은 극한상황에서도, 오히려 그렇기 때문에 '매뉴얼화=양식화=코드화'된 몸짓, 즉 '부호화된 동작'을 행하는 것에서 잘 드러난다. 사회의 전 영역은 코드화를 통해 굴러가는 것이다.

『크래시』의 세계에서 테크놀로지와 신체는 표면에서 직접적으로 만나며 뒤섞이고 영향을 준다. 보드리야르에 의하면 이 소설

---

260) 『크래시』, 30~31쪽
261) 『크래시』, 31

에서 테크놀로지의 충돌의 폭력에 의해 신체의 표면에 새겨진 상처들은 인위적인 구멍을 형성하며, "사람들이 섹스와 성적 행위를 부착하는 관습이 있는 몇몇의 자연적 구멍들은 모든 가능한 상처들, 모든 인위적 구멍들 …, 모든 틈새에 비하면 아무것도 아니다."[262]

이러한 구멍의 형성에 의해 인간과 기계의 거리는 제로가 되며 세계는 인간과 기계가 충돌하는 표면의 확장에 불과하게 된다. 이와 같은 신체와 기술적 사물의 표면에서의 '충돌'이 모든 인간과 인간 사이의 마주침에 존재론적으로 선행하며 인간들 사이의 충돌을 규정짓는다는 것을 앞에서 보았다.

본이 찍은 사진과 영화는 세계의 이러한 표면성을 강화한다. 보드리야르에 의하면 "표면은 항상 본의 카메라 렌즈 속에서 배가된다."[263] 왜냐하면, 사진은 세계의 바깥에 있거나 세계에 덧붙여진 차원의 것이 아니라 세계에 융합되어 있기 때문이다. 사진에 의해 찍힌 것은 앞으로 일어날 사건을 발생시키는 데 실제로 사용되기 때문이다. 이렇게 미래가 사진이나 대중매체, 도로연구 시험소의 시뮬레이션에 의해 만들어진 시나리오들 중 하나

---

262) Simulacres et Simulation, p. 168

263) Simulacres et Simulation, p. 172

를 따른다는 점에서 더는 진정한 의미의 미래는 없다. "시간의 깊이 또한 더 이상 없다. 과거와 마찬가지로 이번에는 미래도 존재를 멈춘다."[264] 이런 의미에서 '카메라의 눈은 다른 차원이 아니며'[265] 이렇게 모든 것이 표면화되고 모든 것이 예상 가능한 시나리오 중 하나를 따른다는 점에서 이것은 "이 세계가 비밀이 없음을 의미한다."[266] 그런데 시나리오 중 어느 것을 따를지는 미규정적이라는 점에서 미래는 결정되지 않는다.

이런 의미에서 사진이나 영화를 찍을 때 본의 위치는 세계의 바깥에 있는 관음증적인 위치가 아니다. 라우드가의 사례에서 시청자가 제작자나 라우드가의 사람들과 분리된, 다른 사람의 사생활을 훔쳐보는 변태적인 위치에 있는 것이 아닌 것처럼 말이다. 모든 것은 표면으로 융합되며 본의 사진 필름은 자동차의 순환과 흐름, 즉 금속화된 연속적 필름의 일부라고 보드리야르는 말한다.

그리고 이 소설에서 자주 등장하는 모든 섹스는 깊은 의미가 없다. 이러한 섹스에서 중요한 것은 '쾌락의 문제가 아니라, 단순

---

264) Simulacres et Simulation, p. 173
265) Simulacres et Simulation, p. 173
266) Simulacres et Simulation, p. 173

한 배출의 문제'이다.[267] 이 소설에서 등장하는 모든 섹스는 관능적이거나 내밀하거나 격렬한 의미를 갖지 않는다. 모든 것은 신체−기술적 표면 속에서 등질화된다. 보드리야르는 다음과 같이 쓴다.

"여기서 쾌락은 오르가즘일 따름이다. 즉 기술 기구의 격렬함과 동일한 길이의 파동 위에서 섞이고, 여기서는 단 하나의 대상인 자동차로 요약되는 기술에 의해 등질화된다."[268]

신체는 이와 같이 테크놀로지에 의해 완전히 침투된다. 이와 같이 신체와 테크놀로지가 구별되지 않는 세계는 인간 주체가 사라지는 세계이고 동시에 신체−기술적 표면이 중요해지는 세계이기 때문에 심층적인 모든 의미가 사라지는 세계이다. 이러한 절대적 무의미의 표면성 속에서 우리는 '금속화된 흥분'을 느낄 수밖에 없다. 이렇게 '크롬적이고, 강도 높은 금속적인 세계'[269]는 의미가 모두 사라진 세계인 동시에 순기능/역기능의 구분이 사라

---

267) Simulacres et Simulation, p. 170

268) Simulacres et Simulation, p. 171

269) Simulacres et Simulation, p. 175

지는 세계이기에 '낡은 세계의 기능성의 일부'로써 인간적인, 너무나 인간적인 도덕이나 합목적성에 입각한 비판이 불가능한 세계이다. 이와 같은 포스트-비판적인, 가치판단이 사라진 세계를 우리는 맞이하게 될 것이다.

8. 결론

보드리야르는 『시뮬라시옹』에서 '사라져버린 것은 모든 형이상학'[270]이라고 말하고 있지만, 이 책은 서구 형이상학의 폐허 속에서 솟아오른 웅장한 형이상학적 저작이다. 이 형이상학은 테크놀로지의 형이상학으로서 인간 신체에 제약된 경험주의적 유물론을 넘어서는, 인간 신체와 상호작용하는 객체로서의 테크놀로지의 힘에 대한 철저한 분석이다. 이러한 테크놀로지의 형이상학은 코드의 형이상학이기도 하다. 보드리야르가

---

270) Simulacres et Simulation, p. 11

말하는 기호체계의 '코드'는 곧 '발생론적 코드'가 된다. 이러한 '코드'에 의해 하이퍼-리얼리티가 생산된다. 기술 매체의 압도적인 힘은 이제 이 '발생론적 코드'를 활용, 생명복제를 통해서 생명을 '하이퍼-리얼리티'로 만들 수 있는 데까지 이르렀다. 그뿐만아니라 이미 대중매체는 코드에 따라 인간 주체를 생산해왔다. 보드리야르는 대중매체가 인간 주체를 레이저 광선과 같이 자르며 이 분해된 주체를 발생론적 코드에 따라 결합한다고 말하고있다. "이 조작적 진실은 탐색하고 질문하는 테스트의, 만져보고 자르는 레이저 광선의 …, 당신의 결합들을 명령하는 발생론적 코드의 … 진실이다."[271]

　이것은 SF인가? 보드리야르에 의하면 오늘날의 세계에서 본래적 의미의 SF는 불가능한데, 왜냐하면 오늘날 SF적 시뮬라크르와 실재(하이퍼-리얼리티) 사이의 거리가 0이 되어, 하이퍼-리얼리티는 가능한 시나리오들 중 하나를 따르기에 '허구적인 어떠한 종류의 예견 여지도' 존재하지 않기 때문이다.[272] 본래적 의미의 SF는 산업자본주의 사회, 즉 물질적 생산이 지배하던 사회에서 가능하던 장르이다. SF는 "아주 흔히 생산의 실제 세계를 과

271) Simulacres et Simulation, p. 70
272) Simulacres et Simulation, p. 199

도하게, 그러나 결코 질적으로 다르게가 아니게, 투영한 것일 따름이다."[273] 그러나 오늘날의 정보통신학적 세계에서 이러한 투영은 사라졌으며, 시뮬라크르는 실재에 선행하며 오히려 실재를 하이퍼-리얼리티로 구성하고 생산하기에 "더 이상 허구는 없다."[274] 따라서 더는 다른 세계를 상상할 수 없으며, 따라서 'SF적 상상력'이라는 말은 적합하지 않다. 보드리야르에 의하면 이런 의미에서 더 이상 SF라고 말할 수 없는『크래시』가 기술 문명을 다룬 가장 훌륭한 소설이라고 말한다.

보드리야르의『시뮬라시옹』은 이와 같은 의미에서 현대 사회와 현대 기술 문명에 관한 최고의 분석이자 우리가 앞으로 필연적으로 살아가게 될 테크놀로지 중심 사회에 대한 통찰력 있는 예견이다. (이것은 물론 거시적 차원의 필연성이지 미시적인 사건이나 행위 수준에서의 필연성이 아니다.)

273) Simulacres et Simulation, p. 199
274) Simulacres et Simulation, p. 200

참고문헌

1. 기본자료

Jean Baudrillard, Simulacres et Simulation, Paris: Galilée, 1981

장 보드리야르, 『시뮬라시옹』, 민음사, 2011

2. 단행본 및 논문

김상환, 『해체론 시대의 철학』, 문학과 지성사, 1996

배영달, 『보드리야르와 시뮬라시옹』, 살림, 2005

진중권, 『미디어 이론』, 열린길, 2016

진중권, 『현대미학강의』, 아트북스, 2009

마단 사럽, 박윤준 옮김, 『후기구조주의와 포스트모더니즘』, 서울하우스, 2012

스티븐 베스트, 더글러스 켈너, 정일준 옮김, 『탈현대의 사회이론』, 현대미학사, 1995

장 보드리야르, 이상률 옮김, 『소비의 사회』, 문예출판사, 2014

장 보드리야르, 이규현 옮김, 『기호의 정치경제학 비판』, 문학과 지성사, 2007

장 보드리야르, 주은우 옮김, 『아메리카』, (주) 웅진씽크빅, 2009

제임스 G. 발라드, 김미정 옮김,『크래시』, 그책, 2013

질 들뢰즈, 펠릭스 가타리, 김재인 옮김, 『안티 오이디푸스』, 민음사,

2015

Douglas Kellner et al. Baudrillard: A Critical Reader,

Cambridge: Blackwell, 1994

William Merrin, "Implosion, simulation and the pseudo-

event: a critique of McLuhan", Economy and Society,

Routledge, London 2002

보드리야르 연구

펴 낸 날 2022년 7월 18일

지 은 이   김상범
펴 낸 이   이기성
편집팀장   이윤숙
기획편집   윤가영, 이지희, 서해주
표지디자인 윤가영
책임마케팅 강보현, 김성욱
펴 낸 곳   도서출판 생각나눔
출판등록   제 2018-000288호
주   소   서울 잔다리로7안길 22, 태성빌딩 3층
전   화   02-325-5100
팩   스   02-325-5101
홈페이지   www.생각나눔.kr
이 메 일   bookmain@think-book.com

• 책값은 표지 뒷면에 표기되어 있습니다.
  ISBN   979-11-7048-418-9(03160)